AF569607

Lichtarbeiter
Sahvanna Arienta

Sahvanna Arienta

LICHT ARBEITER

Erinnere dich, wer du wirklich bist:
Deine Bestimmung als Heiler und
göttliches Lichtwesen

Aus dem amerikanischen Englisch übertragen
von Sabine Zürn

Ansata

Die Originalausgabe erschien 2011 unter dem Titel
»Lightworker. Understand Your Sacred Role as Healer, Guide, and Being of Light« bei NEW PAGE BOOKS.

Penguin Random House Verlagsgruppe FSC® N001967

Zweite Auflage 2022

Redaktion: Diane von Weltzien
Umschlaggestaltung: Guter Punkt GmbH & Co. KG, München
unter Verwendung von Motiven von: © leonello / Getty Images,
© NicoElNino/Getty Images, © Panya_sealim/Getty Images
Satz: Satzwerk Huber, Germering
Druck und Bindung: GGP Media GmbH, Pößneck
ISBN 978-3-7787-7565-3

www.Integral-Lotos-Ansata.de

www.facebook.com/Integral.Lotos.Ansata

Für alle Lichtarbeiter,
denen ich in Vergangenheit, Gegenwart und
Zukunft begegnet bin oder noch begegnen werde.
Ich danke euch, dass ihr das Licht in der Dunkelheit seid.

Inhalt

Vorwort

Die Seelen der Menschen auf ihrem Weg zum Erdenleben durchqueren einen Raum voller Lichter; jede nimmt eine Kerze – oft nur einen Funken –, um mit ihrer Hilfe in die düstere Welt zu finden. Aber manche Seelen werden durch einen besonders glücklichen Umstand länger festgehalten – sie haben Zeit, eine Handvoll Kerzen zu ergreifen, die sie zu einer Fackel flechten. Dies sind die Fackelträger der Menschheit – ihre Dichter, Seher und Heiligen, die die Menschheit aus der Dunkelheit ins Licht führen. Sie sind die Gesetzgeber und Retter, die Lichtbringer, Wegweiser und Verkünder der Wahrheit, und ohne sie würden die Menschen in der Dunkelheit von ihrem Weg abkommen.

Platon

Ein Lichtarbeiter* ist eine ganz besondere Seele. Er gehört zu den Wesen, die im Laufe der Geschichte auf der Erde inkarnieren, um zu erleuchten, zu führen und zu lehren, wenn es nötig ist. Aufgrund der bestehenden globalen Probleme, die schnell außer Kontrolle geraten und zu einer ernsthaften Bedrohung für die Menschheit werden können, treffen gegenwärtig regelrechte Heerscharen von Lichtarbeitern auf dem Planeten ein. Aber dies ist keine gewöhnliche »Armee«. Nicht alle Lichtarbeiter sind bedeutende spirituelle Lehrer

* Die männliche Form schließt die weibliche mit ein.

oder sogar Politiker, sie können Musiker oder Künstler, Ladenbesitzer oder Buchhalter, Hausfrauen oder Obdachlose sein. Viele vergessen ihre göttliche Bestimmung, wenn sie hierherkommen, und sie leben unter uns, ohne zu wissen, wer sie wirklich sind oder warum sie gekommen sind. Obwohl es nicht immer offensichtlich ist, welcher Mensch ein Lichtarbeiter ist, oder die besonderen Eigenschaften zu verstehen, die Lichtarbeiter so einzigartig machen, ist eines sicher: Die Erde braucht sie heute mehr denn je.

Warum gerade jetzt?

Im Jahr 2020 umfasst die Weltbevölkerung über sieben Milliarden Menschen. Bis 2040, so sagen Experten, werden es über neun Milliarden sein. Da die Erdbevölkerung noch weiter wächst, haben auch Gewalt und Kriminalität zugenommen. Die Dunkelheit beginnt, die Erde zu überwältigen und ihre Schönheit zu vernichten. Die Menschheit ist so materialistisch, machthungrig und gierig, dass sie, ihren eigenen Lastern überlassen, letztlich sich selbst zerstören könnte – mitsamt der Erde.

Dennoch gibt es Grund zur Hoffnung! Die Dunkelheit fürchtet nur eines: das Licht. Im Licht kann sie nicht überleben. Um die Mächte der Dunkelheit, die unseren Planeten zu erobern drohen, zu überwinden, müssen wir die Erde mit einer Armee von Fackelträgern erleuchten. Diese Lichtarbeiter sind bereits hier, um die Dunkelheit zu neutralisieren.

Bist du ein Lichtarbeiter?

Sollten dir diese Informationen irgendwie bekannt vorkommen, so liegt das vielleicht daran, dass du ein Lichtarbeiter bist. Wenn dem so ist, wirst du die Wahrheit auf der Seelenebene erkennen. Das ist der Grund, warum ich dieses Buch geschrieben habe: Ich möchte meine eigenen Erfahrungen als Lichtarbeiterin teilen und sie anderen Lichtarbeitern als Unterstützung zur Verfügung stellen, in der Hoffnung, dass sie erkennen, wer sie wirklich sind, und sich nicht mehr allein, verloren und fehl am Platz fühlen. Denn viele von ihnen haben in ihrem Leben große Schwierigkeiten. Um das Leben auf dieser Erde wirklich zu verstehen und der Menschheit besser dienen zu können, müssen sie Lebenserfahrungen machen, durch die sie Mitgefühl mit anderen Menschen entwickeln können. Lichtarbeiter werden in Versuchung geführt, getestet und der Dunkelheit ausgesetzt. Viele führen ein traumatisches oder unglückliches Leben. Wenn du ein Lichtarbeiter bist, fühlst du dich manchmal damit überfordert, Licht in eine Welt zu bringen, die in Dunkelheit gehüllt und mit Negativem förmlich verunreinigt ist. Manchmal fühlst du dich so, als müsstest du das ganze Elend der Menschheit auf deinen Schultern tragen, und du kannst den Schmerz aller Menschen dieser Erde fühlen. Vielleicht hast du seherische Träume oder sogar Vorahnungen von weltweiten Katastrophen. Vielleicht hast du auch eine Nahtod- oder außerkörperliche Erfahrung gemacht.

Es ist normal, wenn sich Menschen, die noch nicht wissen, dass sie Lichtarbeiter sind, sehr verloren und allein fühlen. Diese Lichtarbeiter können in einen tiefen Zustand der Traurigkeit fallen, weil sie ihre göttliche Aufgabe noch nicht erfüllen. Einige leiden unter Depressionen, Angst oder Gefühlen der Wertlosigkeit. Andere erleben Stimmungsschwankungen, haben sogar psychosomatische Störungen oder legen ein gesellschaftsfeindliches Verhalten an den Tag. Im Extremfall verspüren sie den Impuls, sich selbst zu verletzen, etwa, sich zu ritzen oder sich die Haare auszureißen. Viele versuchen vielleicht, mit Medikamenten Abhilfe zu schaffen, und werden abhängig von bestimmten Substanzen.

Ihr Ego mag sie manchmal zum Aufgeben drängen, aber wer göttliche Geschenke erhält, ist dazu verpflichtet, sie zum Wohl der Menschheit einzusetzen – eine außerordentliche Verantwortung.

Meine eigene dunkle Phase dauerte beinahe zehn Jahre. Nachdem mein Vater gestorben war, wurde mein Glaube stark auf die Probe gestellt, und ich verlor meine Ziele und Aufgaben aus den Augen. Der Weg zurück zum Licht war lang und schmerzhaft, aber diese düstere Phase gab mir die nötige Zeit und den Raum, das zu lernen, was ich wissen musste, um meine Arbeit hier auf Erden fortsetzen zu können.

Die meisten Lichtarbeiter erheben sich irgendwann über die Dunkelheit und wachsen dabei spirituell. Doch andere sind verloren, denn sie wissen nicht, wer sie wirklich sind. Erkennen sie jedoch ihre göttliche Bestimmung, und beginnen sie mit der Arbeit, für die sie hierhergekommen sind, dann lösen sich ihre unglücklichen und negativen Gefühle auf, und sie finden Orientierung in ihrem Leben. Irgendwann werden sie verstehen, dass sie nicht als zerstörte oder tragische Figuren gedacht sind, sondern als Leuchtfeuer für die gesamte Menschheit. Ein einziger Lichtarbeiter kann direkt oder indirekt Tausende von Menschen erleuchten.

Oft werden die besonderen Gaben der Lichtarbeiter als »übersinnliche Kräfte« bezeichnet. Und wie du später in diesem Buch lesen kannst, haben Lichtarbeiter tatsächlich verschiedene außersinnliche Wahrnehmungen. (Dazu gehört auch, wie in meinem Fall, das Sehen und die Kommunikation mit Verstorbenen.) Aber es ist lebenswichtig, zu verstehen, dass es für Lichtarbeiter nicht ausreicht, nur »übersinnlich zu sein«. Sie werden hierhergeschickt, um andere auf ihrem spirituellen Weg zu erleuchten, und nicht, um ihnen die Zukunft vorherzusagen. Lichtarbeit ist eine Berufung, kein Hobby. Der Unterschied zwischen einem Hellseher und einem Lichtarbeiter besteht darin, dass ein Hellseher dir etwas über deine Zukunft *sagen* kann, während ein Lichtarbeiter dich in deine Zukunft *führt*.

Wenn du dich verloren fühlst, aber tief in deinem Inneren weißt, dass du aus einem bestimmten Grund hier bist, erwacht deine schlafende Lichtarbeiterseele allmählich. Jetzt ist es an der Zeit, dich auf den Weg zu begeben, um deine Lebensaufgabe anzutreten. Und dabei bist du nicht allein.

Die Informationen und Erfahrungen in diesem Buch stammen von meinen Geistführern und aus gechannelten Botschaften. Sie sind weder die endgültige Wahrheit noch ist meine Methode die einzige Möglichkeit, um die geistige Welt zu erfahren. Jeder erlebt sie auf unterschiedliche Weise, und ich schreibe das auf, was mir gezeigt wurde. Ich wünsche mir, dass du durch dieses Buch und die Entdeckung, wie du anderen Menschen helfen kannst, die Allgegenwart der göttlichen Liebe erfährst, die dich ständig umgibt und dich auf jedem Schritt deines Weges unterstützt und führt.

Einführung

Ich versuchte, mir vorzustellen, wie unsere Welt in zwanzig Jahren, dann in vierzig Jahren und schließlich in hundert Jahren aussehen würde. Plötzlich befanden sich mein Geist und mein feinstofflicher Körper an einem anderen Ort. In meiner Vision folgte ich einer endlos langen Straße. Links und rechts neben ihr sah ich nichts als vertrocknetes Stroh, und ich wusste irgendwie, hier waren einst üppige Kornfelder gewesen. Weiter unten sah ich meine Tochter mit einer Gießkanne in der Hand und lief zu ihr, um gemeinsam mit ihr das Feld zu bewässern. Doch je schneller ich rannte, desto weiter war sie weg. Ich konnte sie nicht rechtzeitig erreichen.

War die Botschaft dieser Vision, dass die zukünftigen Ernten unserer Kinder durch unsere zurückliegenden Saaten unwiederbringlich vernichtet sein werden?

Nach dieser Vision hatte ich eine von der gesamten Menschheit, die am Meeresufer sitzt und zusieht, wie sich der letzte Lichtschimmer des allerletzten Sonnenuntergangs auf der Erde am Horizont verflüchtigt. Als die Dunkelheit über uns hereinbrach, schrien wir um Hilfe, und ich fragte mich, ob unsere Schreie erhört werden würden. Meine Vision endete dort, und ich betete um eine Antwort. Sie kam in der nächsten Nacht in einem Traum. Mir wurde gesagt, dass unsere Schreie tatsächlich erhört worden seien und dass Hilfe angekommen sei.

Ich habe dieses Buch geschrieben, um die Welt wissen zu lassen, dass die Hilferufe der Menschheit nicht ungehört bleiben. Die Welt, wie wir sie kennen, befindet sich zwar in einer Krise, aber Hilfe ist da. Hunderte von Jahren der Angst, der Gier und des Hasses haben unseren schönen Planeten und uns selbst beschmutzt. Wir können unseren eigenen Anteil am Status quo nicht länger leugnen. Mit unserem Hass haben wir Unzufriedenheit, Kriege, Hungersnöte und Dunkelheit genährt. Der Menschheit wurde eine vollkommene Welt gegeben, die harmonisch mit der Liebe unseres Schöpfers, mit der Quelle verbunden ist. Aber irgendwie haben wir Respekt und Wertschätzung für die Schöpfung verloren. Irgendwo unterwegs hat sich die Menschheit verirrt. Als sich die Menschen der reichen Schätze der Erde bewusst wurden, nahmen sie diese in Besitz. Unterdrückung, Manipulation, Kontrolle und Ausbeutung waren die Folgen. Die einzigartige Welt der Liebe und Schönheit wurde beschmutzt und entstellt. An die Stelle von bedingungsloser Liebe trat ein Gefängnis aus Angst. Seelen, erschaffen aus Liebe und Licht, wurden dunkel, schwer und materialistisch. Und an diesem Punkt stehen wir jetzt.

New-Age-Lehrer sprechen von Erleuchtung und den im Gang befindlichen planetaren Verschiebungen. Doch es ist nicht so, dass die Menschheit mit einem Schlag erwacht, die Spur der hinterlassenen Zerstörung erkennt und nun versucht, den Schaden rückgängig zu machen, bevor sich der letzte Schimmer des Sonnenlichts am Horizont verflüchtigt. Es ist vielmehr die Antwort auf unsere Gebete.

Vor Jahrzehnten entstand die Bezeichnung »Lichtarbeiter« für Menschen, die dazu beitragen wollten, die Welt zu einem besseren Ort zu machen. Unter einem Lichtarbeiter stellte man sich eine Person vor, die dazu berufen war, den

Menschen und der Erde durch Gebete, Meditation, Heil- und Energiearbeit und andere spirituelle Methoden zu helfen. Der vage Begriff faszinierte mich, und als ich tiefer in das Thema eindrang, erhielt ich Informationen aus der geistigen Welt, die die vagen Vorstellungen darüber konkretisierten, wer diese einzigartigen Seelen waren, die den Planeten heilen sollten. Ich empfing Bilder davon, woher sie gekommen waren, und von ihren verschiedenen Rollen und göttlichen Aufgaben. Man zeigte mir berühmte Lichtarbeiter aus der Geschichte (zum Beispiel Mutter Teresa oder William Shakespeare) und wie diese zur Heilung unseres Planeten beigetragen hatten. Diese erstaunlichen Wesen der Liebe und des Lichts mit ihrer unglaublichen Aufgabe als Retter verkündeten ihre Berufung nicht laut von den Berggipfeln. Sie waren vielmehr gewöhnliche, unauffällige Menschen, aber dennoch Gefäße eines so strahlenden Lichts, dass wir unsere Augen beschirmen und uns abwenden mussten. So konnten sie fast unbemerkt unter uns leben. Diese Wesen waren Seelen, die aus herrlichen Reichen herabstiegen und sich für dichte Schwere der materialistischen Erdenebene interessierten.

Lichtarbeiter kommen von Orten, die so wunderschön sind, dass wir sie uns nicht einmal ansatzweise vorstellen können. Aber warum kommen sie auf diese von Leid und Elend schwere Erde? Die Antwort lautet: Sie kamen in der letzten Stunde des letzten Sonnenuntergangs, weil sie unsere Schreie hörten. Es ist die Mission der Lichtarbeiter, ihr Licht einem Planeten zu leihen, der verdunkelt ist von Angst und Krankheit. Sie sind gekommen, bevor es zu spät ist, und sie sind hier, um uns zu helfen. Sie sprechen für diejenigen, die keine Stimme haben, sie erschaffen herrliche Kunstwerke, um unseren Planeten zu verschönern, und sie komponieren

Musik, die unseren Geist beflügelt. Sie arbeiten im Verborgenen und geben uns, solange sie bei uns wohnen, ihre Lichtenergie. Sie sind die Heiler unseres Planeten.

Während ich dieses Buch schrieb, erhielt ich Informationen über die verschiedenen Reiche, aus denen die Lichtarbeiter stammen, und über die Gaben, die jeder aus seinem Herkunftsreich auf die Erde mitbringt. In der Meditation erhielt ich immer mehr genauere Informationen. So war »Lichtarbeiter« nicht länger nur ein Begriff oder ein Etikett, sondern eine klar definierte Beschreibung dieser Wesen mit ihren verschiedenen Ebenen, Intensitäten und Missionen. Die anderen Informationen, die ich erhielt, waren meiner Meinung nach die Antworten auf das, was so viele Lichtarbeiter suchen. Mir wurde das Leid gezeigt, das diese empfindlichen Wesen durch ihre Anwesenheit hier auf der Erde ertragen müssen – wie sie missverstanden, verspottet, manchmal sogar verfolgt werden; wie sie mit der Dunkelheit konfrontiert und als Lichtarbeiter ständig auf die Probe gestellt werden; wie sie ihre Verbindung zum Himmel mühsam aufrechterhalten, während sie mit beiden Beinen auf der Erde bleiben müssen. Aufgrund ihrer erhöhten Sensibilität fühlen sie sich in den »Folterkammern«, die ihre physischen Körper sind, buchstäblich gefangen. Viele, die gar nicht wissen, dass sie Lichtarbeiter sind, fühlen sich verloren und isoliert und quälen sich mit einer tief empfundenen Sehnsucht danach, bald nach »Hause« zu gehen, obwohl sie in ihrem eigenen Haus leben. Ich erhielt Informationen, wie ich ihnen dabei helfen kann, den Schmerz besser zu ertragen, den der Versuch, einen zerstörten Planeten zu heilen, verursacht, und in einer Welt zu leben, in die sie eigentlich nicht gehören. Denn Lichtarbeiter werden als Antwort auf die Hilferufe der Menschen geschickt.

Ich hoffe, dass die Informationen in diesem Buch Antworten auf die Bitten der Lichtarbeiter geben und eine Zuflucht für sie sind, um endlich in dem Umfeld aus Liebe und Heilung zu leben, für das sie hierhergekommen sind.

Teil I

Woher du kommst

Kapitel 1:

Wir sind Energie

Damit du deine Lichtarbeiter-Seele verstehen kannst, müssen wir dort beginnen, woher du kommst: bei der Quelle. Die Quelle ist ein allwissendes, allmächtiges Wesen, das in jeder Spalte des Universums wohnt. Die Quelle ist der Ort, von dem wir alle kommen und zu dem wir irgendwann zurückkehren werden.

Die Quelle ist unser Schöpfer. Es ist Allah, Buddha, Jahwe, du, ich ... Wie lautet Gottes wahrer Name?

Die Quelle ist neutral. Das Konzept von Gut und Böse existiert nicht in ihr. Die Quelle bietet vor allem *bedingungslose Liebe* an. Unabhängig von ihren Handlungen, Überzeugungen oder Fehlern liebt und akzeptiert die Quelle alle Lebewesen gleichermaßen. Die Quelle ist Energie.

Du kannst dir die Quelle so vorstellen wie die Elektrizität in deinem Haus: Schalte sie ein, und sie erhellt dein Haus, oder schalte sie aus, und du sitzt im Dunkeln. Aber diese Elektrizität ist immer da, egal, in welcher Position sich der Lichtschalter befindet. Alles, was du kennst, ist durch diese göttliche Frequenz miteinander verbunden. Im Grunde kannst du dir die Quellenenergie als gemeinsame Verbindung des gesamten Universums vorstellen.

Die Quelle ist das, was jedes Einzelne im gesamten Universum mit jedem anderen Einzelnen im Universum verbindet – von unermesslichen Sonnensystemen bis hin zum kleinsten Atom. Sie ist in Dingen, die wir als lebendig betrachten (Menschen, Tiere, Bäume und Pflanzen), und in Dingen, die für uns unbelebt sind (Felsen, das Meer, der Himmel und die Sterne).

Die Energie der Quelle ist nicht durch die Zeit eingeschränkt. In ihr existieren alle Dinge der Vergangenheit, Gegenwart und Zukunft gleichzeitig. Das bedeutet, dass sie uns auch mit unseren Verstorbenen verbindet. Da die Quellenenergie alle Objekte durchdringt, können Hellseher Informationen aus der in einem Objekt enthaltenen Energie erlangen (eine Fähigkeit, die *Psychometrie* genannt wird). Metall absorbiert besonders viel Energie. Als Medium habe ich viele Readings für Menschen gemacht, die mir den Ring oder die Kette eines verstorbenen Verwandten gaben. In ihnen ist Restenergie der Person enthalten, die ihn getragen hat.

Reesa und Anna: Der Tod konnte ihre Verbindung nicht beenden

Eines Tages kam eine junge Frau namens Reesa zu einem Reading zu mir und legte einen schlichten Silberring auf meinen Schreibtisch. »Können Sie mir Informationen über diesen Ring geben?«, fragte sie. Als ich den Ring nahm, wurde meine Hand heiß – fast so, als würde ich meine Hand über eine offene Flamme halten. Es kribbelte und brannte. »Ich spüre Hitze«, sagte ich und war schockiert von der Intensität der Hitze. Als ich meine Geistführer nach der Botschaft fragte, sah ich Bilder eines brennenden Hauses. Ich hörte die Schreie von Kindern und nahm das Chaos wahr, das mit dem Brand einherging. Die Visionen, die Geräusche und die extreme Hitze machten mir zu schaffen.

»Es gab ein Feuer, das mit diesem Ring zu tun hat«, sagte ich.

»Ja«, bestätigte Reesa.

Dann hörte ich den Namen »Anna«, und plötzlich erschien der Geist einer jungen Frau neben Reesa. »Sag ihr, dass es mir gut geht. Sag ihr, dass alles in Ordnung ist und dass sie glücklich sein soll«, teilte sie mir mit.

»Anna ist hier«, sagte ich, ohne zu wissen, wer die Frau war. »Sie sagt, es gehe ihr gut, alles sei in Ordnung.«

Tränen flossen über Reesas Wangen. Sie schluchzte und bedeckte ihr Gesicht mit den Händen. Ich spürte, dass die Tränen aus dem tiefsten Punkt ihrer Seele kamen, aus sehr tiefen Wunden, die nur durch solches Weinen zu heilen sind. Ich legte den Ring hin und berührte Reesas Schulter, damit sie weinen konnte. Ich spürte, wie sich diese alten, tiefen Wunden langsam schlossen. Als sie wieder sprechen konnte, erklärte Reesa, dass sie eine Zwillingsschwester namens Roseanna gehabt hatte, die von allen in der Familie »Anna« genannt worden war. Ihre Mutter zog die Mädchen allein auf und war lange Zeit alkoholkrank. Sie verbrachte viele Nächte in der Kneipe und ließ die Mädchen allein zu Hause, wo sie sich selbst überlassen waren. Reesa und Anna hatten immer aufeinander aufgepasst und hatten gelernt, dass sie nur auf sich selbst zählen konnten. Als sie dreizehn

Jahre alt waren, gab es einen Kurzschluss in der veralteten Elektroanlage, der ein Feuer auslöste. Während die Mädchen schliefen, füllte sich das ganzen Haus mit Rauch und ging in Flammen auf. Der Feuerwehr gelang es, Reesa zu retten, die schwere Verbrennungen hatte. Aber Anna starb, eingesperrt in ihrem Schlafzimmer oben auf dem Dachboden. Sie trug bei ihrem Tod den Ring, den Reesa zum Reading mitgebracht hatte. Die Mutter hatte ihn Reesa nach Annas Beerdigung gegeben, seither hat sie ihn nie mehr abgenommen. Dieser einfache Silberring war alles, was ihr von ihrer Zwillingsschwester geblieben war.

Reesa hatte von dieser Nacht sowohl körperliche als auch geistige Narben davongetragen. Der Schmerz und das Schuldgefühl, selbst das Feuer überlebt, die Schwester aber nicht gerettet zu haben, hatten sie die vergangenen achtzehn Jahre sehr belastet. Für Reesa war es eine enorme Erleichterung, von Anna zu hören und zu erfahren, dass es ihr gut ging und dass sie Reesa Glück wünschte. In diesem Moment wurde eine enorme Last von Reesas Schultern genommen.

Wir setzten den Dialog mit Anna fort. Anna sagte, dass sie all die Jahre über Reesa gewacht habe. Sie erzählte, dass sie bei der Geburt von Reesas Sohn dabei gewesen sei und dass sie auch auf ihren Neffen aufpasse. Es war wie ein glückliches Familientreffen. Reesa war froh, zu erfahren, dass Anna auf der anderen Seite glücklich und wirklich Lehrerin geworden war, wie sie es sich zu Lebzeiten immer erträumt hatte. Nur arbeitete sie eben jetzt mit Kindern auf der anderen Seite.

Diese Art Kommunikation kostet Seelen viel Energie. Das Gespräch ebbte ab, und Anna zog sich allmählich zurück, doch vorher versicherte sie noch, liebevoll über ihre Schwester zu wachen, bis sie sich im Jenseits wiedersähen.

Als das Reading zu Ende war, kam der Geist eines braunen Hundes und setzte sich zu Reesas Füßen. »Wir haben auch unseren Spaniel im Feuer verloren«, erzählte Reesa und wischte sich die Tränen weg.

»Ich glaube, ich habe ihn gefunden«, sagte ich. »Er liegt zu deinen Füßen!«

Diese Geschichte veranschaulicht eine Energie, die nie stirbt, sondern nur ihre Form ändert. Anna existiere weiter, obwohl sie in dem Feuer gestorben war. Ihre Energie hatte nur eine andere Gestalt angenommen. Und in dieser neuen Form war sie immer noch durch die Quellenenergie mit Reesa und mit ihrem Ring verbunden. Diese starken energetischen Verbindungen ermöglichten es uns, nicht nur mit Anna Kontakt aufzunehmen, sondern auch für Reesa äußerst heilsame Informationen zu erlangen – für uns beide eine wirklich magische Erfahrung.

Wir sitzen alle im selben Boot

Die Quellenenergie enthält die Formel, die die Erde auf ihrer Achse fixiert und es ihr ermöglicht, sich ständig weiterzudrehen. Sie ermöglicht den Auf- und Untergang der Sonne und gibt uns die Fähigkeit, Leben hervorzubringen. Es ist dieselbe Energie, die mir Zugang zu Reesas und Annas Geschichte gewährte. Die Sonne geht nicht zufällig jeden Tag auf und unter. All die kleinen Dinge, die wir jeden Tag sehen und für selbstverständlich halten, werden von der Quelle genau geplant. Die Quelle verfügt über Intelligenz, auch wenn sie keinen physischen Körper hat wie wir. Um das zu begreifen, denke einen Moment über deinen eigenen Verstand nach: Er hat eine physische Gestalt (dein Gehirn), aber das Gehirn ist eigentlich nur ein Transformator, der Informationen berechnet. Wie erlangen wir die eigentlichen Informationen? Was ist der Ursprung unserer Gedanken? Sie kommen aus der Quelle. Und weil wir alle durch die Quellenenergie miteinander verbunden sind, haben wir einen kleinen Anteil an ihrer göttlichen Intelligenz und können jederzeit auf sie zugreifen. Die Quellenenergie ist die Lebenskraft, der Motor menschlicher Existenz. Dürfen wir also annehmen, dass wir »gottgleich« sind?

Es ist wahr, dass diese Energie in ihrer reinsten, höchsten Form so einzigartig ist, dass wir sie weder verstehen noch erfassen können. Aber jeder Mensch erhält mit seinem ersten Atemzug auf diesem Planeten einen kleinsten Bruchteil dieser Kraft, die es uns gestattet, »Berge zu versetzen«. Die meisten von uns nutzen diese Kraft nicht in vollem Umfang, entweder weil wir nicht an sie glauben oder weil uns der Wunsch dazu fehlt. Die Lichtarbeiter jedoch sind eigens hierhergekommen, um ihren Anteil an der Quellenenergie für das Gute einzusetzen. Und doch hat jeder Mensch Anteil an ihr, ob wir das nun erkennen oder nicht. Erinnere dich an die Geschichte von der Frau, die ein Auto anhob, das ihr Kind zu zerquetschen drohte. Woher hatte sie plötzlich ihre übermenschliche Kraft? Sie entstand aus ihrem unbändig starken Verlangen, ihr Kind zu retten. Ihre Absicht war um ein Vielfaches stärker als ihr Körper. Es stimmt, dass wir Berge versetzen können, vorausgesetzt wir wollen es wirklich und sind überzeugt davon, dass wir es können. So wie die Frau, die das Auto anhob.

Unser freier Wille gestattet es uns, unsere Quellenenergie so einzusetzen, wie wir es wünschen. Stell dir vor, dass dein Leben wie eine große Straßenkarte angelegt ist und dass die Quelle einen bestimmten Kurs für dich vorgesehen hat. Auf einer Luftaufnahme könntest du erkennen, dass es Kurven, Wendungen, gewisse Gefahren und Sackgassen gibt. Jede Straße führt diejenigen, die auf ihr fahren, vorbei an verschiedenen Orten hin zu einem jeweils anderen Ziel und zu verschiedenen Personen. Weil wir auf der Erde leben, bekommen wir diese Luftaufnahmen in der Regel nicht zu sehen. Man kann also nicht wissen, was hinter einer Kurve liegt. Hier kommt der freie Wille ins Spiel: Die Quelle mag eine Route für dich entworfen haben, aber dein freier Wille gibt dir die Möglichkeit, den Kurs zu ändern und eine andere Richtung auszuwählen, auch wenn du nicht weißt, wohin dich deine Reise führt.

Jeder dieser Wege kann dein Leben ganz unterschiedlich gestalten. Und weil wir alle durch die Quellenenergie miteinander verbunden sind, nehmen wir durch unsere individuellen Veränderungen und Wege mehr oder weniger Einfluss auf die Energie unserer Mitmenschen. Durch unsere Verbindung wirkt sich das, was einen von uns betrifft, auf uns alle aus. Um das zu verstehen, kannst du dir vorstellen, dass wir wie die Blütenblätter einer Blume sind. Jedes einzelne Blütenblatt trägt zur Schönheit der Blume bei. Ein verletztes Blütenblatt würde das Aussehen der Blume verändern, und sie würde vielleicht sogar eingehen. Ein Teil der kollektiven Energie zu sein, funktioniert auf die gleiche Weise. Ein Blütenblatt kann nicht beschädigt werden, ohne das Ganze zu beeinträchtigen.

Innerhalb der Gemeinschaft ist jeder Einzelne von Bedeutung für das Gleichgewicht der Quellenenergie. Indem wir dieses Konzept allmählich besser verstehen, können wir erkennen, dass die Quellenenergie tatsächlich ein Gleichgewicht braucht und aktiv danach strebt, alle existierenden Lebensformen perfekt auszurichten. Ist die Energie der

Quelle nicht im Gleichgewicht, gerät auch *alles andere* ins Trudeln.

Lichtenergie ist Heilkraft

Die Quellenenergie enthält Lichtenergie – die gesamte frei fließende Schönheit des Universums. Lichtenergie beschwert uns nicht, sondern verbessert unsere Stimmung und unseren Zustand. Lichtarbeiter verwenden diese Energie, um die Welt zu heilen. Allerdings muss man kein Lichtarbeiter sein, um Lichtenergie anzuwenden. Es gibt mehrere Möglichkeiten, um Lichtenergie konkret zu erfahren: indem wir die Schönheit der Natur wertschätzen, durch Liebe, Kunst und Musik. Der gemeinsame Nenner dieser Möglichkeiten sind die Emotionen. Unser Geist, der direkt mit der Quelle verbunden ist, gibt uns die Macht, Lichtenergie durch unsere Gedanken und Intentionen zu manifestieren. Unser Gehirn arbeitet wie ein Computer, der die Informationen speichert. Wenn wir Lichtenergie durch unseren Geist manifestieren, schwingen die Effekte im ganzen Universum wie Wellen in einem Teich, in den ein Stein hineingeworfen wurde. Ein Lichtarbeiter besitzt mehr Lichtenergie als die meisten Wesen und hat außerdem die Gabe, diese Energie wie einen Laserstrahl zu fokussieren, um zu schützen und zu heilen (durch verschiedene Methoden der energetischen Heilung wie Reiki, therapeutisches Handauflegen oder sogar Akupunktur).

Am Beispiel meiner Mutter kann ich dir die Funktionsweise verdeutlichen. Sie hat immer neue Wege ausprobiert, um die Kraft der Quellenenergie für sich zu nutzen. Als sie in den Sechzigerjahren als Lehrerin in der zweiten Klasse einer katholischen Schule arbeitete, fand sie sogar einen Weg, um ihr Interesse an mystischen Themen in den Unterricht einzubringen, ohne dass die Kollegen und der Schulleiter wussten, dass sie damit über den Lehrplan hinausging. Sie agierte wie ein »metaphysischer Agent«. War zum Beispiel ein Kind aus ihrer Klasse krank, ließ sie die Kinder auf dem Boden einen Kreis bilden. »Wir machen einen Gebetskreis, damit es Johnny besser geht«, flüsterte meine Mutter. »Ich möchte, dass ihr alle Johnny in einem warmen, hellen weißen Licht seht, umgeben von heilender Energie. Dann stellt ihr euch vor, wie er mit euch auf dem Schulhof Ball spielt.« Da sie »Gebetskreis« statt »Heilungskreis« sagte, kam es den Kindern ganz natürlich vor.

Kehrte das kranke Kind bald wieder gesund in die Schule zurück, waren die Kinder sehr stolz auf das Ergebnis ihrer »Gebete«. Meine Mutter erkannte, dass Kinder ausgezeichnet manifestieren können, weil ihr Geist noch offen und unbeeinflusst ist. Sie warnte mich davor, einem Kind den Glauben an den Weihnachtsmann, an Märchen oder an Magie zu nehmen, weil er eine wichtige Voraussetzung für den Glauben an größere, mächtigere Dinge ist wie etwa an die Fähigkeit, zu heilen. Sie sagte, unser Glaube sei die mächtigste Gabe, die wir haben.

Als ein Junge in ihrer Klasse an Leukämie erkrankte, führte meine Mutter für ihn wochenlang täglich Heilsitzungen mit der Klasse durch. Nach zwei Monaten kehrte der Junge in die Schule zurück. Die Ärzte hatten nicht daran geglaubt, dass er es schaffen würde, und seine vollständige Genesung war wie ein Wunder. Meine Mutter weinte Freudentränen, als sie ihn wieder auf dem Schulhof Ball spielen sah. Und sie war davon überzeugt, dass der Heilkreis der zweiten Klasse für seine Genesung entscheidend war, was beweist, dass Wunder geschehen, wenn wir Zugang zur Lichtenergie der Quelle haben.

Dunkle Energie: Ohne sie kann Lichtenergie nicht existieren

Wir neigen dazu, die dunkle Energie abzulehnen, aber das ist falsch. Ohne Nacht gäbe es keinen Tag und ohne Kummer keine Freude! Es wäre ein Irrtum, zu glauben, dass die Quelle nur Licht ist. Da die Energie der Quelle neutral und allumfassend ist, muss sie auch die Dunkelheit einschließen. Die Quellenenergie ist ein zweischneidiges Schwert, das unser Leben auf unterschiedliche Weise beeinflussen kann. Unser freier Wille erlaubt es uns, sie auf jede beliebige Art und Weise zu nutzen, und die meisten nutzen sie zu unterschiedlichsten Zeiten für alle möglichen Zwecke, (Auch wenn uns nicht bewusst ist, dass wir diese Entscheidung zu einem bestimmten Zeitpunkt treffen.) Die Quelle akzeptiert Licht und Dunkelheit gleichermaßen und hüllt beide in bedingungslose Liebe und Unterstützung, denn bedingungslose Liebe ist alles, was die Quelle kennt.

Dunkelheit ist nicht unbedingt böse. (Obwohl es im Universum Böses gibt.) Dunkelheit ist ein Zustand des Seins, wie der Kummer über den Verlust eines geliebten Menschen oder das Gefühl, verloren und allein zu sein, wenn in unserem Leben nichts richtig zu laufen scheint. Das Böse hingegen ist dunkle Energie, die ganz bewusst ausgeübt wird (wie zum Beispiel ein Mord aus blankem Hass).

Dunkle Energie kann uns antreiben oder motivieren, das Licht zu suchen. Das ist einer ihrer wichtigsten Aspekte. Es ist wie der Aufenthalt im Schatten eines Baumes an einem frühen Frühlingsnachmittag: Wir bleiben dort nur so lange, bis uns kalt wird. Und dann wollen wir aus dem Schatten zurück ins Sonnenlicht, um uns aufzuwärmen. Deshalb verdient die Dunkelheit, aus der richtigen Perspektive betrachtet, Respekt und Wertschätzung.

Sowohl die dunkle Energie als auch die Lichtenergie sind für uns hier auf der Erde gleichermaßen zugänglich, und je nach unserer Intention – heilen oder schaden – können wir auf die Kraft des einen oder des anderen zugreifen. Unsere Intentionen sind die Auslöser unseres Handelns und haben einen viel größeren Einfluss, als die meisten Menschen denken. Gründete zum Beispiel jemand eine Stiftung zur Förderung des Umweltbewusstseins und würde damit auch nur eine Person erreichen, dann wäre die Intention des Stifters erfüllt – auch dann, wenn die Stiftung schon am nächsten Tag einginge. Die Energie der Stiftung wäre lichtvoll, auch wenn es auf der Basis unserer Weltsicht so aussähe, als sei sie gescheitert.

Wenn jemand eine gute Tat nur widerwillig vollbringt, dann verderben die wahren Gefühle dieser Person die Licht erzeugende Energie. Die Person erfüllt mit ihrem Groll oder Hass die gute Tat mit dunkler Energie – auch dann, wenn andere meinen, dass sie etwas Gutes getan hat. Die Intention beeinflusst die Energie mehr als die eigentliche Handlung. Da die Quellenenergie in uns allen lebt und uns alle miteinander verbindet, sind es die Intentionen, nicht die Handlungen, die die größten Veränderungen in der Quellenenergie verursachen. Natürlich können auch Handlungen die Energie verändern, schließlich leben wir in einer physischen Welt. Doch ist die Intention hinter einer Handlung von größerer Bedeutung. Unsere Welt ist energiereicher, als die meisten von uns ahnen. Nur, weil wir sie nicht sehen, heißt das nicht, dass es sie nicht gibt. Auch die Schwerkraft kann man nicht sehen, doch ihre Wirkung bekommen wir zu spüren. Unsere Intention ist die Saat, die wir ausbringen. Was wir ernten, beruht auf ihr.

Mit unseren Intentionen und Gedanken, egal ob hell oder dunkel, lenken wir die Quellenenergie Handlungen. Wir können bewusst oder unbewusst manifestieren, was bedeutet, dass unsere Intentionen diese Wirkung haben, ob wir sie nun erkennen oder nicht. Wenn wir uns die Zusammenhänge klarmachen, dann ist es einfacher, unser Denken zu verändern. So wie positive, liebevolle Gedanken (Lichtenergie) durch unsere Intentionen Gutes hervorbringen, können negative Gedanken und Emotionen (dunkle Energie) Negatives manifestieren: Zerstörung, Hass, Krankheit und Leid – alles im Rahmen des Energieflusses. Betrachte negative Auswirkungen deshalb als logische Konsequenz und nicht als göttliche Strafe – so, wie du einen elektrischen Schlag bekommst, weil du deine Finger in eine Steckdose gesteckt hast, und nicht, weil du ihn verdient hast. Wenn also das, was wir erleben, seinen Ursprung in der Energie hat, die wir einsetzen – Lichtenergie, die positive Erfahrungen erzeugt, oder dunkle Energie, die Negatives schafft –, dann stellt sich folgende Frage: Aus welcher Energie wollen wir unsere Realität erschaffen?

Mehr Licht hereinlassen

Gedanken verändern nicht nur die Realität des Einzelnen, sondern auch die des gesamten Universums. Jedes Mal, wenn wir einen guten Gedanken oder Segen aussenden, verschieben wir die universelle Energie. In jedem Gebet steckt die Kraft, die Welt zu heilen – so wie in jeder Eichel die Kraft steckt, damit aus ihr ein imposanter Baum werden kann. Wenn wir ein anderes Lebewesen lieben, dann bewirken wir eine Verschiebung der universellen Energie in Richtung Licht. Auf diese Weise verstärken positive Gedanken die positive Energie des Universums. Das ist das Ziel der Lichtarbeiter.

Betrachte es mal aus dieser Perspektive: Immer, wenn wir an etwas Gutem teilhaben, handeln wir in göttlicher Absicht. Die meisten von uns sind mit dem Wissen aufgewachsen, dass wir als Ebenbild Gottes erschaffen wurden. Damit ist nicht unser physischer Körper gemeint, sondern die metaphysische Ebene. Das bedeutet: Die Kraft Gottes lebt in jedem Einzelnen von uns. Viele gehen durchs Leben, ohne zu ahnen, wie mächtig sie in Wahrheit sind. Sie glauben, dass aktives Handeln der schwierigste Part im Leben sei. Aber sobald du die Macht der Intention erkannt hast, verändert sich deine Wahrnehmung. Jetzt begreifst du, dass vordergründig gute Werke, die ohne Emotionen oder nur zum eigenen Nutzen getan werden, niemals zu einer energetischen Veränderung führen.

Alle guten Taten müssen also mit den reinsten Intentionen zum Wohl der ganzen Menschheit verbunden sein. Wenn du das nicht erkennst, kannst du niemals die Veränderungen in deinem eigenen Leben erreichen, die du dir wünschst. Um mehr Lichtenergie aus der Quelle in unser Leben zu holen, müssen wir bewusste Entscheidungen im Hinblick auf unser Denken und unseren allgemeinen Zustand treffen. Denn jede Emotion hat eine energetische Entsprechung: Je mehr Lichtenergie wir als positive Emotionen durch unser Leben fließen lassen, desto mehr Licht erschaffen wir und desto glücklicher und erfüllter werden wir. Der bewusste Lichtarbeiter fühlt sich natürlich zu positiven Emotionen hingezogen, denn um sie auszulösen sind alle Lichtarbeiter hier. Unbewusste Lichtarbeiter könnten mit diesen Zusammenhängen jedoch größere Probleme haben. Vielleicht fühlen sie sich übermäßig erschöpft und ausgelaugt, weil sie mit ihrer Sensitivität dunkle Energien wie ein Schwamm aufsaugen. Es kommt ihnen so vor, als würde an ihnen in hohem Maße herumgezerrt. Die Aufgabe der Lichtarbeiter ist nicht leicht!

Um Licht anzuziehen und zu reflektieren, ist es äußerst wichtig, bewusste Entscheidungen zu treffen. Das kann jeder lernen, auch diejenigen, die keine Lichtarbeiter sind, denn die Lichtenergie ist ja für alle verfügbar. Menschen, die nicht viel Lichtenergie in sich tragen, weil sie sich niedergeschlagen oder festgefahren fühlen, können lernen, mehr Lichtenergie in ihr Leben zu ziehen, um ihre Depressionen und ihre Antriebslosigkeit zu überwinden. Die Lichtenergie wird ihnen mehr Vitalität, bessere körperliche Gesundheit und eine insgesamt positivere Lebenseinstellung ermöglichen. Und sie wird ihnen dabei helfen, das Leben zu manifestieren, für das sie hierhergekommen sind. Dabei kann es sich durchaus um den Besitz einer Villa im Wert von mehreren Millionen oder um eine teure Jacht handeln, wenn diese das symbolisieren, wofür sie hier sind. Auch Glück und Zufriedenheit durch Besitz bereichert die Gemeinschaft um mehr Licht.

Ozean der Emotionen

Egal ob du dich als Lichtarbeiter betrachtest oder nicht: Mit positiven Emotionen holst du mehr Lichtenergie in die Welt. Beispiele für Licht erzeugende Gefühle sind:

- Liebe
- Dankbarkeit
- Vergebung
- Freundlichkeit
- Offenheit
- Großzügigkeit
- Toleranz
- Verständnis

Umgekehrt erzeugen wir dunkle Energie, wenn wir in einem Zustand negativer Emotionen leben. Beispiele für negative Emotionen, die dunkle Energie erzeugen, sind:

- Hass
- Angst
- Intoleranz
- Gier
- Gleichgültigkeit
- Ungezügeltes Verlangen
- Neid

Aus den Emotionen zu schöpfen, die sich aus Lichtenergie zusammensetzen, kann sehr schwierig oder sehr einfach sein. Wir müssen nur unseren freien Willen einsetzen, um uns auf das Licht auszurichten, und uns immer wieder neu für diese positive Ausrichtung entscheiden. Natürlich kommen wir ab und zu von diesem Kurs ab. Diejenigen, die überwiegend im Licht bleiben, bauen auf die Kraft ihrer Intention, um sich konsequent für das Licht zu entscheiden.

Meine Klientin Marian hat das erfahren, nachdem ihr 27-jähriger Sohn William tot aufgefunden wurde. Sie beschrieb ihn als einen immer lächelnden Jungen, der Baseball mochte und am Seeufer gern nach Fröschen suchte. William vergötterte seinen Vater und wollte wie er Automechaniker werden. Aber Williams Vater war kein so glücklicher Mensch wie sein Sohn. Er kämpfte sein ganzes Leben lang gegen seine Drogensucht an. Er war in stationärer Behandlung, in Therapien und Selbsthilfegruppen gewesen und mehrmals von seiner Sucht losgekommen, doch immer wieder rückfällig geworden. Als William sechzehn Jahre alt war, nahm sein Vater einen Bus nach New York City, um Drogen zu kaufen, und kehrte nie mehr zurück. Er wurde eine Woche lang vermisst, bis die Polizei seine Leiche fand, sie identifizierte und Williams Mutter anrief, um ihr mitzuteilen, dass ihr Mann im Bus an einer Überdosis Heroin gestorben war.

Dieses Ereignis veränderte William. Jetzt war er oft aggressiv oder gab anderen die Schuld, wenn Dinge nicht so liefen, wie er es wollte, oder er fühlte sich als Opfer. Schließlich verzog er an einen anderen Ort. Ein paar Jahre später wurde er in seiner Wohnung tot aufgefunden. Die Todesursache war unklar, weshalb Marian zu mir kam, um Antworten auf ihre Fragen zu erhalten. Ich nahm Verbindung mit William auf, und er zeigte mir das Bild eines Jungen und seines Vaters, wie sie fröhlich Frisbee spielen. Ich schilderte Marian die Szene, und sie erklärte, dass William und sein Vater oft im Park zusammen Sport getrieben hätten. Plötzlich änderten sich die Bilder, die ich empfing. Mir wurden dunkle, dämonische Kreaturen gezeigt, die um ihre Befreiung kämpften. Ich fragte mich, ob wohl William gegen die Dämonen seines Vaters gekämpft hatte. Er zeigte mir, dass er wie sein Vater diesen Kampf verloren hatte. Ich informierte Marian, dass William ebenfalls an einer Überdosis Drogen gestorben war. Nach der Autopsie erfuhr Marian, dass William absichtlich eine Überdosis der von seinem Arzt verschriebenen Schlaftabletten genommen hatte.

Was war mit dem immer lächelnden Jungen von früher geschehen? Was war schiefgelaufen? William hatte den Schmerz und die psychische Zerrissenheit seines Vaters in sein eigenes Leben eindringen lassen. Warum entschied er sich, es mit den Dämonen seines Vaters aufzunehmen, anstatt sich von ihm zu trennen? Aus dem Leben seines Vaters hätte er auch lernen können, dass Drogen tödlich sind. Stattdessen gab er die Verantwortung für sein Leben ab. Er war so besessen von dieser negativen Energie, dass sie ihn am Ende völlig beherrschte. Er ließ zu, dass die gleiche dunkle Energie, die seinen Vater umgab, schließlich auch ihn zerstörte.

William hatte immer die Wahl gehabt, doch das zu erkennen war ihm nicht gelungen. Die Quelle hat nie aufgehört, ihn bedingungslos zu lieben und zu unterstützen. Er hätte sich bewusst für die lichtvolle Energie entscheiden können, so wie er es als glückliches Kind beim Spielen mit seinem Vater erlebt hatte. Aber als seine dunklen Stimmungen ihn zu überwältigen begannen, wandte er sich bewusst vom Licht ab. Als William sich entschied, die tödliche Tablettendosis zu schlucken, befreite ihn das nicht von der dunklen Energie, die ihn im Leben umgab. Weil unsere Essenz durch Energie erzeugt wird, ändert sich die Energie, die wir in uns tragen, nicht, wenn wir dieses Leben verlassen. Wir nehmen sie mit, wenn wir hinübergehen. Und sie verändert unseren Übergang ganz erheblich. Genau wie zu Lebzeiten gibt unsere Energie weiterhin vor, wohin wir gehen und was wir nach dem Übergang tun. Und weil wir immer noch mit jedem und allem durch die Quellenenergie verbunden sind, beeinflusst unsere dominante Energie – Licht oder Dunkel – weiterhin das Gleichgewicht dessen, was hier auf der Erde geschieht.

Lasst uns nun einen genaueren Blick auf die dunkle Energie werfen: Was können wir tun, um uns von ihr zu befreien? Wie tragen Lichtarbeiter dazu bei, lebende und verstorbene Seelen aus dem Griff der dunklen Energie zu befreien?

Kapitel 2:

Dunkle Energie mit Licht erfüllen

Wie du bereits weißt, ist die Quelle eine neutrale Energie und besteht sowohl aus Dunkelheit als auch aus Licht. Die Energie, aus der sie sich zusammensetzt, ist wandelbar und wechselt von Hell nach Dunkel und in alle Bereiche dazwischen. Als kleiner Funke der Quellenenergie bestimmst du die »Farbe« deines persönlichen Energiefeldes, das seinen Platz in der großen Gemeinschaft hat wie ein Pixel in einem digitalen Bild, das aus Millionen von Pixeln zusammengesetzt ist. Weil wir alle ein Teil der Quelle sind, müssen wir dem Dunklen mit derselben bedingungslosen Liebe begegnen, die wir dem Licht entgegenbringen.

Mach dir bewusst, dass es bei der dunklen Energie nur um negative Gedanken und Emotionen geht. Sie ist nicht identisch mit dem Bösen. Dunkle Energie, die in der richtigen Balance gehalten wird, löst niemals Angst aus. Wie du in diesem Kapitel nachlesen kannst, *beschleunigt* der richtige Umgang mit dunkler Energie sogar dein spirituelles Wachstum.

Wir alle finden uns irgendwann einmal in der Dunkelheit wieder. Weil sich jeder Gedanke und jede Handlung in Energie verwandeln, können wir die dunkle Energie nicht vermeiden. Wenn du oft einsam oder traurig bist, hast du ein Übermaß an Dunkelheit in deinem Energiefeld. Wenn du lernst, mit ihr zu leben und sie als vergänglich zu betrachten, statt ihr zu erlauben, sich in dir zu verwurzeln, kann die dunkle Energie heilend und stärkend wirken.

Die Wirkung der dunklen Energie auf die Erde

Da die dunkle Energie direkt aus der Quelle kommt, ist sie in unserem gesamten Universum verfügbar und genauso leicht zugänglich wie die Lichtenergie. Die dunkle Energie ist heutzutage leichter verfügbar als Lichtenergie, weil die energetische Waage unseres Planeten zugunsten der dunklen Energie im Ungleichgewicht ist. Dieser Überschuss an dunkler Energie überlagert das Licht und führt sogar zu Zerstörung. Kriege, Kriminalität, Naturkatastrophen, Hungersnöte sowie die allgemeine Unzufriedenheit werden weiter zunehmen, wenn die Dunkelheit nicht bald unter Kontrolle gebracht wird. Die Menschheit läuft Gefahr, sich selbst und den Planeten zu zerstören, da sie kontinuierlich materialistischer und machthungriger wird und voller egoistischer, negativer Emotionen ist.

Angst ist die Ursache für die meisten dieser negativen Emotionen. Angst kann sich hinter Gier (Angst vor Mangel), Eifersucht (Angst vor Verlust) und Hass (Angst vor bedingungsloser Liebe) verbergen. Obwohl viele Menschen es nicht erkennen, leben wir in einer Welt, die eigentlich von und mit der Angst lebt. So sind zum Beispiel die Medien – vor allem die Werbung – erfüllt vom Thema Angst. Selbst die schlichteste Kosmetikwerbung, die alters- und faltenlose Schönheit anpreist, soll uns Angst vor unserer eigenen Sterblichkeit einjagen. Angst wird als Werkzeug genutzt, um die Menschheit zu manipulieren und zu formen. Bis wir endlich diesen Ort der Angst verlassen und ins Licht gehen, wird die Dunkelheit weiter zunehmen.

Die Bevölkerungsexplosion ist ein weiterer Indikator für das stetige Anwachsen der Dunkelheit. Experten gehen davon aus, dass die Weltbevölkerung bis 2040 über neun Milliarden Menschen erreichen wird. Das kann man zunächst positiv bewerten als das Ergebnis der modernen Medizin, die unser Leben verlängert. Aber das stimmt nur zum Teil. Die Bevölkerungszunahme ist auch eine direkte Folge des mangelnden spirituellen Bewusstseins der kollektiven Seelen auf der Erde: Da wir immer mehr von Angst bestimmt werden und weniger spirituell sind, entsteht ein Teufelskreis aus Seelen, die ständig neu inkarnieren, um ihre Anhaftung an materielle Wünsche und an Süchte zu befriedigen.

Der Mangel an Spiritualität und Glauben veranlasst viele Seelen dazu, die Erde nicht zu verlassen und sich angstvoll an die physische Welt zu klammern in der Hoffnung, dort Zufriedenheit und Glück zu finden. Viele kehren zurück in der fehlgeleiteten Absicht, ihr unstillbares Verlangen nach körperlichen Vergnügungen zu erfüllen. Dies trägt zur dunklen Energie der Erde bei, und die meisten dieser Seelen nehmen während ihrer Inkarnationen immer noch mehr Dunkelheit auf. Wenn wir irgendwann einen signifikanten Rückgang der Geburtenzahlen feststellen können, wird das ein Ergebnis der spirituellen Erleuchtung auf dem Planeten sein. Leider kann das noch Hunderte von Jahren dauern.

Davids Geschichte: Desinkarnierte, die Dunkelheit schaffen

Manche Seelen weigern sich einfach, nach ihrem Tod weiterzuziehen, sie verweilen unter uns und können nirgendwo hingehen. Andere gehen hinüber, bleiben aber in der nächsten Bewusstseinsebene und warten darauf, zur Erde zurückzukehren. Das führt zu einer Überlastung mit dunkler Energie, die die Erde erdrückt. Viele Lichtarbeiter versuchen, diese Seelen zu retten. Sie bezeichnen sich selbst als »Parawissenschaftler« oder »Geisterjäger«, aber ihre Aufgabe ist dieselbe: Sie helfen mit, die Seelen zu befreien, die auf der Erde festsitzen und Angst vor dem Hinübergehen haben. Davids Geschichte ist ein gutes Beispiel dafür, wie derart gefangene Seelen mithilfe einer kreativen Lösung erlöst werden können.

Mein Freund David war begeistert, nach monatelanger Suche sein Traumhaus zu finden. Er verliebte sich sofort in ein Haus aus dem Jahr 1800 mit seinem altmodischen Charme und einem doppelseitigen Kamin. Eine Suite im dritten Stock eignete sich ideal für Davids Mutter Claire, die inzwischen eine ältere Dame war. Das Haus musste renoviert werden, aber David bekam es zu einem guten Preis und war überzeugt, dass es das Geschäft seines Lebens war. Und weil er Bauunternehmer war, wusste er genau, wie er das Haus in seiner ursprünglichen Pracht wiederherstellen konnte. Doch Davids Frau Julia hatte einige Bedenken. Sie meinte, dass Haus sei zwar stattlich und das Anwesen außerordentlich schön, aber sie habe ein seltsames Gefühl darin.

Nicht lange, nachdem sie eingezogen waren, bekam Claire gesundheitliche Probleme. Sie fühlte sich immer müde und war nach einigen Monaten so lethargisch, dass sie kaum noch etwas mit anderen Leuten zu tun haben wollte und sich nur noch in ihrer Suite im oberen Stock des Hauses aufhielt. Das war sehr ungewöhnlich für die kontaktfreudige Dame.

David und Julia wollten eine Familie gründen, doch mit jedem Monat wuchs ihre Enttäuschung, weil sich keine Schwangerschaft einstellte. Julias Unfruchtbarkeit löste bei ihr Panikattacken aus. Der psychische Stress belastete die Ehe, und das Paar stritt sich oft. Alle ihre Pläne für ein glückliches Leben hatten sich verflüchtigt. An Weihnachten veranstaltete Julia ein Fest im Stil von Queen Victoria. Ich war begeistert, eingeladen zu sein, und wir durften Popcorn für den perfekt geschmückten Acht-Meter-Weihnachtsbaum auffädeln. Im Laufe des Abends bemerkte ich plötzlich den schattenhaften Geist einer weiblichen Person, der durch den Raum glitt. Die Frau sah aus, als würde sie über den Partygästen schweben, und sie versuchte, die Gespräche mitzuhören. Ich konnte sogar einen Blick auf ihr Gesicht erhaschen und fand, dass sie mit ihren streng zurückgekämmten Haaren recht steif aussah. Ich lächelte sie respektvoll an, aber als ich versuchte, mich mit ihr zu verbinden, schien ihre Energie sehr aufgebracht zu sein. Die einzige Reaktion, die ich erhielt, war die ärgerlich klingende Frage: »Wer bist du?« Also beschloss ich, den Geist zu ignorieren und später mit David darüber zu sprechen.

Nach Silvester kontaktierte ich ihn und erzählte ihm von der Frau auf der Party. David lud mich ein, um der Sache auf den Grund zu gehen. Er erzählte mir, dass Julia die ganze Zeit vermutet hatte, dass eine Präsenz das Haus besetzte. Kurz nach meiner Ankunft bildete die Familie zusammen mit mir einen Kreis. Ich zündete eine weiße Kerze an, segnete alles und bat den Geist der Frau zu uns. Als wir die Séance begannen, sah ich die Frau von der Party hinter Davids Mutter stehen. Ich fragte nach ihrem Namen und hörte sie telepathisch »Emily« sagen. Sie erklärte, dass sie in dem Haus zusammen mit ihrer Mitbewohnerin »Charlotte« lebte, wobei sie sich auf Claire bezog. Emily erschien neben Claire, an der sie offensichtlich sehr hing – vor allem aber an dem Haus. Sie erzählte, dass sie unter Agoraphobie (Angst auf weiten Plätzen und in Menschenmengen) litt und deshalb in den letzten zehn Jahren ihres Lebens das Haus nie verlassen hatte.

Als ich diese Information an David weitergab, berichtete er, dass er beim Einzug Gegenstände des Vorbesitzers gefunden hatte, darunter alte Magazine und Zeitungen, die bis zu fünfzehn Jahre alt waren. Da er das Haus über einen Makler gekauft hatte, wusste er über die Vorbesitzerin nur, dass sie eine exzentrische alte Frau war, die jetzt verstorben war. Ihre Erben lebten weit entfernt und hatten den Verkauf des Hauses deshalb einem Immobilienbüro übertragen.

Als die neuen Besitzer einzogen, hatte Emily Angst, das Haus zu verlassen. Sie war verwirrt und verängstigt. Emily klammerte sich an Claire und behauptete, dass sie ihre Jugendfreundin Charlotte sei. Ich versuchte, Emily zu erklären, dass sie Claire mit Charlotte verwechsle und dass sie jetzt das Haus verlassen dürfe. Davon wollte sie aber nichts hören. Genau wie zu Lebzeiten litt Emily immer noch an Agoraphobie. Ihr Zustand hatte sich auch auf der anderen Seite nicht verbessert, und uns wurde klar, dass sie Hilfe brauchte.

An diesem Abend bat ich meine Geistführer um Rat, die mit einer wunderbaren Lösung aufwarteten. Mit der Hilfe der geistigen Welt wollten sie das schöne Haus, das Emily liebte und in dem sie sich sicher fühlte, im Jenseits energetisch kopieren. Sie wollten sich Emily vorstellen und sie dann in die energetische Kopie ihres Hauses bringen. Meine Geistführer versprachen mir, auch an Emilys Problemen zu arbeiten, sobald sie sich in der geistigen Welt eingewöhnt habe. Meine Führer fanden Emilys Familie – sogar die echte Charlotte tauchte auf – und führten Emily in ihr neues energetisches Zuhause. Weil Emily nun glücklich war, verwandelte sich ihre Energie in Licht, und die dunkle Energie verschwand aus Davids Familie. Claires Gesundheitszustand verbesserte sich, und sie nahm bald wieder wie früher am Leben teil. Sechs Monate nach Emilys Rettung wurde Julia schwanger. Indem wir Emilys Unglück transformierten und ihre Frequenz spirituell erhöhten, trugen wir dazu bei, die Erde zu einem lichtvolleren Ort zu machen.

Schadensbegrenzung: dunkle Energie umlenken

Die zunehmende dunkle Energie auf dem Planeten veranlasst Lichtarbeiter, aus der geistigen Welt auf die Erde zurückzukehren, um dort das energetische Gleichgewicht wiederherzustellen. Sie tragen einen Überschuss an Lichtenergie in sich, mit dem sie die Energiewaage austarieren wollen. Es ist zwar die Hauptaufgabe der Lichtarbeiter, durch ihre Gegenwart auf der Erde die dunkle Energie zu transformieren, aber sie möchten auch den Menschen dienen und helfen. Wie in einer Kettenreaktion verbreitet sich die Energie eines Lichtarbeiters ins Universum und erleuchtet Tausende andere Lichtarbeiter. Und wenn ein Lichtarbeiter aktiv ist, indem er andere lehrt oder führt, beschleunigt er damit die Heilung des irdischen Energiegleichgewichts. Als Lichtarbeiter musst du zuerst lernen, dunkle Energie an ihrer Kälte und Schwere zu erkennen. Erst dann kannst du sie umlenken. Diese Symptome sind typische Reaktionen auf dunkle Energie:

- Übermäßige Müdigkeit
- Angstzustände
- Kopfschmerzen
- Rückenschmerzen

- Bauchschmerzen
- Depressionen
- Sich allein oder isoliert zu fühlen.

Sobald du die Abläufe verstehst, ist es lebenswichtig, so hell und positiv wie möglich zu bleiben, um viel von der dunklen Energie abzuwehren, bevor sie noch mehr Schaden anrichtet. Wenn ein Lichtarbeiter stagniert und unfähig wird, mit der dunklen Energie zu arbeiten, dann überschattet sie sein Leben immer mehr, bis sie es vollständig überlagert. Dies kann sehr leicht passieren, wenn sich der Lichtarbeiter der Emotionen, die Licht und Dunkelheit erzeugen, nicht bewusst ist und nicht weiß, wie man die Energien in der unausgeglichenen Welt ausbalancieren kann – keine leichte Aufgabe.

Lichtarbeiter, die nicht verstehen, was mit ihnen geschieht, geraten unter den Einfluss der stärker werdenden dunklen Energie. Süchte, unsoziales Verhalten und Selbstverletzungen sind häufige Anzeichen für ein Übermaß an dunkler Energie. Von ihr schwer belastete Lichtarbeiter geraten immer wieder in ungesunde Beziehungen, um auf diesem Weg die von der dunklen Energie hervorgerufenen Gefühle zu unterdrücken. Dadurch wird dem Energiefeld des Lichtarbeiters aber nur noch mehr dunkle Energie hinzugefügt, und je tiefer er oder sie sich in diese Spirale hineinbegibt, desto schwerer kommt er wieder heraus.

Warum Lichtarbeiter manchmal dunkle Energie brauchen

Die Auswirkungen der dunklen Energie fühlen sich zwar nicht gut an, aber begrenzte Zeiten der Dunkelheit können sogar von Vorteil sein. Auch die dunkle Energie hat ihre Zeit und ihren Ort auf der Reise eines Lichtarbeiters. Wenn sie auf Gefühlen beruht, zwingt sie zum Rückzug und kann damit eine Phase der Heilung einleiten. In jedem von uns gibt es einen wohligen, beruhigenden Ort, in den wir uns zurückziehen können, um uns dort Zeit für unsere Erholung zu nehmen. Da wir nie allein sind, begleiten uns unsere Geistführer und geliebten Seelen dorthin und bleiben bei uns, während wir uns regenerieren.

Der Schmerz über den Verlust eines geliebten Menschen kann uns an diesen Ort tief in uns selbst führen. Gefühle von Traurigkeit und Isolation – beides Emotionen, die dunkle Energie erzeugen – sind zu erwarten, aber sei dir auch bewusst, dass du während dieser Zeit durch die innere Dunkelheit an einen Ort geführt wirst, an dem du den Trauerprozess durcharbeiten und deine Energie heilen kannst.

Da Lichtarbeiter mehr helle als dunkle Energie in sich tragen, ist es vollkommen in Ordnung, sich für eine gewisse Zeit in der Dunkelheit niederzulassen. Sobald der Heilungsprozess abgeschlossen ist, kehrst du bereichert um ein Gefühl der Akzeptanz ins Licht zurück.

Ein weiterer Grund, warum alle Lichtarbeiter manchmal in die Dunkelheit gestoßen, getestet oder von ihr in Versuchung geführt werden, hat mit ihrer Hilfsbereitschaft zu tun. Manchmal brauchen Lichtarbeiter diese dunklen Erfahrungen der Seele, damit sie lernen, in der Dunkelheit zu navigieren, damit sie andere, die dort gefangen sind, besser verstehen, unterstützen und erleuchten können.

Für den Lichtarbeiter, der seinen wahren Weg noch nicht gefunden hat, kann diese Erfahrung beängstigend, schmerzhaft und verwirrend sein. Sie können sich in der Dunkelheit verirren und fragen sich oft, warum sie mehr leiden müssen als die meisten Menschen und warum die Dunkelheit ihnen überallhin zu folgen scheint. Wie ein Rettungsschwimmer taucht der Lichtarbeiter in das Meer der Dunkelheit ein, um Ertrinkende zu retten. Man muss eben selbst ins Wasser gehen und nass werden, um mit anderen in Beziehung treten und sich in sie einfühlen zu können.

Ein weiterer Vorteil dieser dunklen Perioden ist die schnellere Entwicklung der Seele. Während dunkler Zeiten präsentiert uns das Universum eine oder mehrere wichtige Lebenslektionen. Wenn wir sie durchstehen, überwinden wir unser Karma, schließen Seelenkontrakte ab und transformieren dunkle Energie, wodurch wir unseren spirituellen Status und den der kollektiven Energie weiter erhöhen. Ein Lichtarbeiter, der die dunkle Energie in seinem eigenen Leben bekämpft und in Licht verwandelt, dient auf diese Weise der gesamten Gemeinschaft. Anderen auf der Basis der eigenen Erfahrungen mit der Dunkelheit zu helfen, ist aber nicht die einzige Methode, um dunkle Energie zu transformieren. Das Aufdecken von und die Beschäftigung mit Ursachen von persönlicher Tragweite ist ebenfalls ein geeigneter Weg. Auch ein Gebet für andere, ein Gedanke an Liebe und Licht verändert die dunkle Energie, die uns umgibt. Ein letzter, aber wichtiger Hinweis: Bitte denkt daran, dass Lichtarbeiter höchst sensible Wesen sind und die dunkle Energie anderer und sogar die der ganzen Gemeinschaft absorbieren und deren Auswirkungen spüren können. Deshalb gehört das Leid, das sie empfinden, vielleicht nicht immer zu ihnen. Es ist wichtig, sich dieser kollektiven dunklen Energie bewusst zu sein, damit man nicht von ihr überrumpelt wird – insbesondere deshalb, weil Lichtarbeiter hier sind, um die dunkle Energie für den gesamten Planeten auszugleichen und umzuwandeln.

Kapitel 3:

Deinen Ursprung entdecken

Unser Universum hat viele Dimensionen. Ich bezeichne sie als »Ebenen«, die ein anderer Begriff für »Welten« sind. Die Ebene der Erde ist nur eine von vielen Schichten in den energetischen Welten, die wir aus unserer Perspektive der physischen Existenz nicht sehen können. In diesen Welten gibt es Orte, die so herrlich sind, dass sich dort nur Wesen aus reinem Licht, aus Liebe und Weisheit aufhalten – aufgestiegene Meister wie Christus oder Buddha. Obwohl es die Bestimmung jeder Seele ist, diese »höheren« Ebenen zu erreichen, geschieht dies nicht schnell oder automatisch. Eine Seele wird auf jeder Ebene mit Lektionen konfrontiert, die sie beherrschen muss, ehe sie weitergehen darf. Wenn eine Seele genug gelernt hat, um aufzusteigen, dehnt sich ihre neu gewonnene Erleuchtung und Lichtenergie aus. Dies erhöht die Schwingung (oder Frequenz) der Seele, bis sie schließlich in die nächste Ebene aufsteigt.

Mit jedem Aufstieg durch die energetischen Welten werden wir immer reiner und lichtvoller, und zuletzt vereinigen wir uns mit der Quelle. Aus diesen höheren Reichen kommen die Lichtarbeiter. Es kann viele Leben und viel Arbeit erfordern, um Lichtenergie in ausreichendem Maß zu sammeln und so den Aufstieg in diese höheren Reiche zu ermöglichen. Eine Inkarnation auf der Erde wird am besten als eine Art Ausbildung an einer höheren Schule des Lernens verstanden.

Wo sind diese anderen Welten?

Wenn ich sage, dass die Lichtarbeiter aus höheren Welten kommen, meine ich nicht, dass diese Welten buchstäblich über uns sind, so wie sich der Himmel über uns spannt. Diese anderen Ebenen sind tatsächlich überall um uns herum und koexistieren im Universum mit uns, doch sie besetzen andere Schwingungsebenen. Stell dir einen Deckenventilator mit Flügeln vor, um dies leichter zu verstehen. Wird der Ventilator eingeschaltet, drehen sich die Flügel und bewegen sich irgendwann so schnell, dass man sie nicht mehr verfolgen kann. Die Blätter sind immer noch da, aber das Auge kann sie nicht einzeln wahrnehmen. Auch ein Kolibri flattert so schnell mit seinen Flügeln, dass sie uns fast unsichtbar erscheinen.

So verhält es sich auch mit den höheren Reichen. Sie schwingen in einer viel höheren Frequenz als wir hier auf der Erde. Wir teilen uns also den Raum mit anderen Reichen, die voller Leben sind. Könntest du die nichtmaterielle Welt sehen, würden dich die Seelen, Entitäten und Wesen dort überwältigen. Sobald du deine Inkarnation auf spirituellere Art und Weise lebst, wird dein energetisches Selbst lichtvoller und schwingt auf einer höheren Frequenz, was dir erlaubt, zu den höheren Ebenen zu gelangen. Aber denk daran, das ist kein Tagesausflug! Es könnte Hunderte von Leben oder Tausende von Jahren dauern, um genügend spirituelles Wachstum zu erlangen und zu den höheren Reichen aufzusteigen.

Weil Lichtarbeiter hart dafür gearbeitet haben, um an einem Ort bedingungsloser Liebe zu leben, verfügen sie über mehr Lichtenergie. Sie haben vor langer Zeit das Interesse an der physischen Welt verloren und kein Verlangen, in die

Dunkelheit der Erdenebene zurückzukehren. Dennoch liegt es in der Natur eines jeden Lichtarbeiters, seine Pflicht zu erfüllen, zurückzukehren und sein Licht zu teilen, damit die Energie der Erdenebene ins Gleichgewicht gebracht werden kann. Sie reinkarnieren sich, um die Menschheit zu heilen.

Die sieben Ebenen

Sieben Hauptebenen existieren zwischen der Erdenebene und der Quelle, und jede einzelne Ebene oder jedes Reich ist einzigartig. Die Erdenebene (die erste Ebene) stellt die schwerste dar und birgt die meiste Dunkelheit, während die Quelle (die siebte Ebene) die leichteste ist und die lichtvollste, liebevollste Frequenz von allen hat. Da die Erdenebene sehr dicht und schwer ist, enthält sie die geringste Menge an Lichtenergie. Die Astralebene ist eine Zone zwischen der Erde und den höheren Reichen. Die Seelen der Lichtarbeiter kommen von der dritten bis siebten Ebene. Zu wissen, von welcher dieser Ebenen ihr als Lichtarbeiter herabgestiegen seid, ist wertvoll, denn es hilft euch, eure Rolle als Lichtträger auf der Erde zu definieren.

Nun folgt eine Darstellung der einzelnen Ebenen. Was geschieht auf jeder dieser Ebenen, und welche Lichtarbeiter sind mit den einzelnen Ebenen verbunden? Ich nenne Beispiele von berühmten Lichtarbeitern aus der Geschichte, die aus unterschiedlichen Ebenen herabgestiegen sind. Aber denkt bitte daran, dass ihr mit eurer Lichtarbeit nicht unbedingt Berühmtheit erlangt. Es geht nicht darum, die Lichtarbeit im großen Stil auszuüben. Lichtarbeiter von jeder Ebene können von der Welt völlig unbemerkt bleiben und dennoch zur Lichtenergie der Erdenebene beitragen.

Wenn ihr die Beschreibungen der einzelnen Ebenen lest, wird euch vermutlich eine von ihnen stärker berühren und euch so die wahre Natur eurer Lichtarbeiterseele enthüllen. Dieses Wissen ist lebenswichtig, denn um zu verstehen, wohin ihr geht, müsst ihr verstehen, woher ihr kommt.

Erste Ebene: Die Erde

Die Erdenebene enthält von allen Ebenen am meisten dunkle Energie. Sie besteht aus greifbarem Material, und ihre Frequenz ist schwer und dicht. Obwohl die Erde als ein Ort des Kampfes betrachtet werden kann, ist sie auch ein Ort der Bildung. Hier sollen wir unsere Lebenslektionen lernen beziehungsweise vervollständigen und unser Karma ausgleichen. Für diesen Entwicklungsschritt brauchen wir vielleicht ganze Äonen, das gilt besonders für diejenigen, die sich weigern, das Materielle loszulassen. Diese Seelen inkarnieren weiterhin auf der Erde, weil sie es nicht geschafft haben, ihre Lichtenergie zu erhöhen und stattdessen viel dunkle Energie in sich tragen. Diese Menschen haben sehr wenig Spiritualität und führen ein auf Angst basierendes Leben.

Der Geist, der mit der Erdenebene verbunden ist, kann:

- sehr materialistisch eingestellt sein.
- egozentrisch sein.
- Probleme haben mit Selbstwertgefühl, Vertrauen und Grenzen.
- sehr wenig Vertrauen in jemanden oder etwas haben.
- Gesundheitsprobleme haben: Ischias, unterer Rücken, Verstopfung, Hämorrhoiden, Nebennieren, Prostata, Krampfadern, Füße.

- extreme Stimmungsschwankungen erleben.
- süchtig sein nach Sex, Essen oder Alkohol.
- sich nie sicher fühlen.
- ängstlich sein.

Wie kann eine Erdenseele erleuchtet werden?

Um mehr Licht in deinem Energiefeld zu erzeugen, ist es sehr wichtig, dich auf deinen allgemeinen Zustand zu konzentrieren. Licht erzeugende Emotionen wie Dankbarkeit, Großzügigkeit und bedingungslose Liebe erhöhen automatisch deine Lichtenergie. Um die Entwicklung deines spirituellen Wachstums zu beschleunigen, kannst du Folgendes tun:

- Dich mit der Natur verbinden, Zeit im Freien verbringen.
- Täglich für das größte Wohl der Menschheit beten.
- Anderen helfen.
- Einen stärkeren Glauben entwickeln.
- Einen Sinn für Spiritualität entwickeln, einen spirituellen Kurs belegen oder an spirituellen Aktivitäten teilnehmen.
- Bleib bei Licht erzeugenden Emotionen wie zum Beispiel Liebe, Dankbarkeit und Vergebung.

Zweite – astrale – Ebene

Der Astralraum ist wie eine Zwischenwelt, in der sich die Seelen noch leicht mit der Erdenebene verbinden und sich gleichzeitig in der geistigen Welt aufhalten. Auch Menschen können auf diese Ebene gelangen. Immer, wenn du im Traum einem geliebten Verstorbenen begegnest, trefft ihr euch auf der Astralebene. Seelen können die Astralebene nutzen, um dort das Leben auf der Erde neu zu gestalten oder um Umgebungen zu erschaffen, in denen sie die Wünsche ihres früheren irdischen Lebens befriedigen.

Die Astralebene erinnert mich an meine Tante Rose, die immer von einem kleinen Haus im Himmel träumte, in dem sie und ihre Mutter Blumen pflanzen und endlich wieder zusammen sein würden. Sie befindet sich als Pufferzone zwischen der dichten, mit dunkler Energie beladenen Erdenebene und den höheren Reichen der reinen Liebe, des Lichts und der Weisheit. Die Astralebene bietet Seelen eine angenehme Umgebung, in der sie sich von einem traumatisierenden Todeserlebnis erholen können. Geliebte Seelen oder Wesen aus höheren Reichen können auf die Astralebene gelangen und einer Seele dort Ratschläge erteilen. Aus vielerlei Gründen entscheiden sich Seelen manchmal dafür, in der Astralebene zu bleiben – vielleicht Hunderte von Erdenjahren, bis sie sich endlich doch wieder auf der Erde reinkarnieren wollen. Oder sie bleiben lange genug, um ihre Lichtenergie so weit zu erhöhen, dass sie in eine höhere Ebene aufsteigen können, um schließlich Lichtarbeiter zu werden.

Dritte Ebene

Dunkelheit kann die Dunkelheit nicht besiegen, nur Licht kann das. Hass kann Hass nicht besiegen, nur Liebe kann das.

Dr. Martin Luther King Jr.

Wenn eine Seele die Entscheidung trifft, alle materiellen Anhaftungen aufzugeben, steigt sie in die dritte Ebene auf. Nun hat die Seele genügend Lichtenergie, um die Aufgaben eines Lichtarbeiters übernehmen zu können. Auf dieser Ebene verstehen die Seelen die Bedeutung spirituellen Wachstums. Sie sind unterwegs auf ihrem spirituellen Weg und können sich zwischen zwei Pfaden entscheiden: Entweder inkarnieren sie wieder auf der Erde, um dort ihre Ausbildung fortzusetzen, oder sie bleiben auf der dritten Ebene, und zwar dann als geistige Führer für einzelne oder mehrere Menschen auf der Erde. Davon profitieren alle Beteiligten. Die Aufgaben des Geistführers gehören zum Entwicklungsprozess dieser Seelen und erhöhen ihre Lichtenergie. Außerdem erwerben sie als Geistführer Wissen und Weisheit.

Seelen, die von der dritten Ebene zur Erde zurückkehren, besitzen ein ausgeprägtes Gespür und erkennen oder »wissen« Dinge intuitiv. Wie eine Art Lügendetektor verstehen sie nicht nur das Gesagte, sondern auch das Unausgesprochene. Sie haben eine ausgezeichnete Wahrnehmung und sehnen sich danach, stets die Wahrheit zu sagen. Sie streben immer nach Gerechtigkeit und können energische Fürsprecher für Bedürftige sein.

Die folgenden Eigenschaften zeichnen Lichtarbeiter der dritten Ebene aus:

- starke intuitive Gefühle
- hohe Selbstdisziplin
- ausgeprägter Sinn für Gerechtigkeit
- Fürsprecher der Bedürftigen
- Kampf gegen Ungerechtigkeit
- Organisation von Kundgebungen für Menschlichkeit und Versammlungen
- höchstes Risiko und voller Einsatz für eine Sache oder für jemanden, an die oder an den sie glauben.

Lichtarbeiter von der dritten Ebene sind hervorragende Richter, Anwälte, Politiker, Polizisten, Lehrer, Sozialarbeiter, Organisatoren von gemeinnützigen oder wohltätigen Stiftungen und intuitive Berater.

Fakten über die Lichtarbeiter der dritten Ebene:
Farbe: Goldgelb
Element: Feuer
Empfindliche Organe: Magen, Leber, Gallenblase, Milz, Nebennieren
Grundlegende Stärken: Selbstwertgefühl, Vitalität, Eindringlichkeit, Intuition, Einsicht, starker Wille, Disziplin
Edelsteine und Kristalle: Citrin, Jaspis, Topas
Blütenessenzen: Kamille, Goldrute, rosa Schafgarbe
Beruhigende ätherische Öle: schwarzer Pfeffer, Ingwer, Pfefferminze
Ausgleichende Lebensmittel: komplexe Kohlenhydrate (wie Vollkorn, Hülsenfrüchte, Kartoffeln)
Berühmte Lichtarbeiter der dritten Ebene: Dr. Martin Luther King, Abraham Lincoln, Oprah Winfrey, Joe Clark, Nelson Mandela, Pater Damien, Rosa Parks, Clara Barton

Vierte Ebene

Die irdische Schönheit: Für den Blick des Weisen gleicht sie dem Liebesquell, dem wir entstammen ...

Michelangelo

Die vierte Ebene ist ein Ort der reinen Liebe und des Lichts. Die Seele, die hierherkommt, tritt in eine Dimension ein, deren Schönheit das menschliche Auge nicht mehr verarbeiten kann. Die Qualität des Klangs ist so klar und rein, dass man sie nicht mit Worten beschreiben kann, und die Brillanz der Lichtenergie ist für uns Menschen nicht zu fassen.

Lichtarbeiter, die von der vierten Ebene herabsteigen, arbeiten von einem Ort der reinen Liebe und des heilenden Lichts aus. Diese Lichtarbeiter bringen der Menschheit Freundlichkeit, Mitgefühl und Hoffnung. Durch ihre Hände übertragen sie heilende Botschaften der Liebe, Vergebung und Einheit. Durch ihre Worte, Musik oder Kunst übermitteln sie uns Frieden und Harmonie. Die Lichtarbeiter der vierten Ebene sind die Künstler, deren einzigartige Werke die Erdenebene erfreuen, die Komponisten, deren Musik unseren Geist belebt und erleuchtet, und die Schriftsteller und Dichter, die mit ihren Worten die Welt verändern. Alle Kunstwerke, Literatur, Musik und Objekte von großer Schönheit haben ihren Ursprung auf dieser Ebene.

Das zeichnet Lichtarbeiter der vierten Ebene aus:

- Mitgefühl
- Empathie
- Kreativität
- Befähigung zum produktiven Schreiben

- musikalisches Talent
- Sinn für Ästhetik
- allgemein künstlerische Begabung
- heilende Kräfte.

Lichtarbeiter der vierten Ebene sind hervorragende Dichter, Autoren, Komponisten, Sänger, Designer, Architekten und Energieheiler.

Fakten über die Lichtarbeiter der vierten Ebene:
Farbe: Grün
Element: Luft
Empfindliche Organe und Körperteile: Herz, Lunge, Zwerchfell, Brust, Thymus, Kreislaufsystem, Schultern, Arme, Hände
Grundlegende Stärken: Liebe, Mitgefühl, Freundlichkeit, Vergebung, Hoffnung, Sympathie, Empathie
Edelsteine und Kristalle: Smaragd
Blütenessenzen: Blutendes Herz, Stechpalme, Wildrose
Beruhigende ätherische Öle: Majoran, Rose
Ausgleichende Nahrungsmittel: grünes Gemüse (wie Brokkoli, grüne Bohnen, Salat, Rosenkohl)
Berühmte Lichtarbeiter der vierten Ebene: Vincent Van Gogh, Ludwig van Beethoven, Shakespeare, Frank Lloyd Wright, John Lennon, Mutter Teresa von Kalkutta, Königin Elisabeth I.

Fünfte Ebene

Sei du selbst die Veränderung, die du dir für diese Welt wünschst.

Mahatma Gandhi

Die fünfte Ebene ist das Reich der Illumination. Hier ist die gesamte Weisheit der Schöpfung gespeichert; hier kann auf alles Wissen zugegriffen werden. In dieser Dimension werden Heilmittel gegen Krankheiten entwickelt, hier wird die Technik erfunden, die das Leben auf der Erde revolutioniert. Alle wissenschaftlichen Entdeckungen kommen durch Wesen der fünften Ebene zur Menschheit, ebenso Informationen über spirituelle Erleuchtung. Alle Antworten auf die Geheimnisse des Universums befinden sich auf der fünften Ebene. Hier wird das Wissen darüber gespeichert, wie die Menschheit in allen Bereichen erleuchtet werden kann.

Das zeichnet Lichtarbeiter der fünften Ebene aus:

- machtvolle visionäre Kraft
- starke seherische Fähigkeiten
- Fähigkeit, die Menschheit zu erleuchten
- Fortschrittlichkeit
- fruchtbringende Träume
- starke Vorstellungskraft
- ausgeprägte telepathische Fähigkeiten
- überragende intellektuelle Fähigkeiten
- Fähigkeit, die Welt zu verändern.

Lichtarbeiter der fünften Ebene sind hervorragende Wissenschaftler, Metaphysiker, spirituelle Lehrer, Philosophen,

Propheten, politische Führer, Forscher und Erfinder von Zukunftstechnologien.

Fakten über die Lichtarbeiter der fünften Ebene:
Farbe: Blau
Element: Äther
Empfindliche Organe und Körperteile: Kehle, Hals, Ohren, Kiefer, Mund, Zähne, Zahnfleisch, Zunge, Schilddrüse
Grundlegende Stärken: Kommunikation, Kreativität, Ausdruckskraft, Bescheidenheit, Manifestation von Ideen
Edelsteine und Kristalle: Saphir, Blautopas, Türkis
Blütenessenzen: Lotus, Hahnenfuß, Lärche
Beruhigende ätherische Öle: Kamille, Orange, Rosmarin
Ausgleichende Nahrungsmittel: Früchte (wie Blaubeeren, Brombeeren)
Berühmte Lichtarbeiter der fünften Ebene: Albert Einstein, Jonas Salk, Platon, Sokrates, Mahatma Gandhi, Thomas Edison, Nostradamus, Edgar Cayce, Deepak Chopra

Sechste Ebene

Alle Wahrheit durchläuft drei Stufen: Erst erscheint sie lächerlich, dann wird sie bekämpft, schließlich ist sie selbstverständlich.

Arthur Schopenhauer

Die aufgestiegenen Meister und Erzengel gehören in die sechste Ebene. Diese Dimension kurz vor der Quelle ist denjenigen mit der höchsten Frequenz vorbehalten. Diese geistig erleuchteten Wesen waren einst Menschen, und ihnen stehen jetzt, kurz vor dem Abschluss ihrer spirituellen

Entwicklung, grenzenlose Kräfte zur Verfügung. Lichtarbeiter aus dieser Ebene kommen zur Erde, um der Menschheit zu dienen, wenn eine umwälzende Veränderung des Bewusstseins oder eine Zeit großer Erleuchtung und Heilung bevorsteht. Aufgestiegene Meister dienen den Menschen als spirituelle Lehrer. Sie sind mit den Fähigkeiten und Gaben aller Reiche ausgestattet; sie kommen auf die Erde, ohne geboren zu werden, und gehen, ohne zu sterben. Den jeweiligen Zeitpunkt bestimmen sie selbst. Die Entwicklung der Menschheit wird von dieser Ebene aus begleitet.

Das zeichnet Lichtarbeiter aus der sechsten Ebene aus:

- dienen als Lehrer der Menschheit
- schaffen Bewusstseinsveränderung
- kommen und gehen, ohne geboren zu werden oder zu sterben
- schaffen ein erhöhtes spirituelles Bewusstsein
- heilen die Energie des Planeten
- helfen bei der Ausbreitung der Lichtenergie
- begleiten die Entwicklung der Menschheit.

Lichtarbeiter der sechsten Ebene sind bedeutende geistige Führer, Schutzengel und Heiler. Sie haben keinen materiellen Besitz und können jede gesellschaftliche Position einnehmen, brauchen aber keine herausragende Stellung. Diese Lichtarbeiter könnten sogar als Obdachlose erscheinen! Keine Bezeichnung, kein Titel, keine Stellung kann die Weisheit und Erfahrung dieser Lichtwesen auch nur annähernd beschreiben. Ihre Lichtenergie wird diejenigen, die der spirituellen Erleuchtung bedürfen, automatisch zu ihnen führen.

Fakten über die Lichtarbeiter der sechsten Ebene:
Farbe: Indigo
Element: Licht
Empfindliche Körperteile: Gehirn, Augen, Lymph- und endokrines System
Grundlegende Stärken: Hellsichtigkeit, Telepathie, Weisheit, Verbindung zum höheren Selbst
Edelsteine und Kristalle: Amethyst, Azurit, Indigo
Blütenessenzen: Lavendel, Sonnenblume
Beruhigende ätherische Öle: Salbei, Lavendel, Zitrone
Ausgleichende Lebensmittel: dunkle Früchte (wie Blaubeeren, Brombeeren, rote Trauben)
Berühmte Lichtarbeiter der sechsten Ebene: Jesus Christus, Buddha, Erzengel Michael, Jungfrau Maria, Mohammed

Die siebte Ebene

So machtvoll ist das Licht der Einheit, dass es die ganze Welt erleuchten kann.

Bahā'ullāh

Die siebte Ebene ist die Dimension der Quelle, des Schöpfers. Die Quelle ist alles, was ist. Ohne sie würde nichts existieren. Wenn eine Seele sich mit der Quelle wiedervereinigt, hat sie ihre spirituelle Reise beendet. Jede Seele behält ihre Individualität und wird gleichzeitig eins mit dem Allmächtigen. Die Quelle ist eine sich ständig ausdehnende und entwickelnde Kraft. Die Seelen, die in diese Ebene aufsteigen, haben die höchste Lichtkraft erlangt und werden Teil der Unendlichkeitserfahrung innerhalb der Quelle. Hier befindet sich Gott.

Lichtarbeiter der siebten Ebene werden Teil der Quellenenergie mit den folgenden Eigenschaften:

- Sie ist unser Schöpfer.
- Sie ist Energie.
- Sie ist allwissend.
- Sie verbindet alles Leben im Universum.
- Sie kennt nur bedingungslose Liebe.
- Zeit existiert nicht.
- Sie ist ewig.

Fakten über die Lichtarbeiter der siebten Ebene:
Farbe: Weiß
Element: Energie
Empfindliche Körperteile: Mitte des Kopfes, Fontanelle
Grundlegende Stärken: Weisheit, absolutes Wissen, bedingungslose Liebe, universelles höheres Bewusstsein
Edelsteine und Kristalle: Diamant, schwarzer Opal
Blütenessenzen: Lotus, Sterntulpe
Verbindende ätherische Öle: Geranie, Sandelholz
Ausgleichende Nahrungsmittel: Wasser (Fasten)

Nun weißt du um die einzelnen Ebenen. Hat vielleicht einer der Texte einen besonderen Nachhall in dir bewirkt? Bist du ein Mensch, der immer versucht, anderen zu helfen? Gehörst du zu den Kreativen? Möchtest du durch deine spirituelle Arbeit Licht auf die Erdenebene bringen? Wenn du erkannt hast, von welcher Ebene du kommst, nutze die mit dieser Ebene verbundenen Lichtarbeiterinformationen für dich. Trage die jeweilige Farbe, den vorgeschlagenen Kristall oder Edelstein, und atme bei der Meditation den Duft der empfohlenen Blütenessenz ein.

Das Erkennen deines wahren Selbst und deiner Lebensaufgabe verbindet dich mit dem, was du wirklich bist, und eröffnet dir die Freiheit, in dem von Liebe erfüllten Umfeld zu leben, für das du bestimmt bist.

Teil II

Die heiligen Gaben der Quelle

Kapitel 4:

Hellsichtigkeit – der Schleier hebt sich

Beim Wort »Hellsehen« tauchen vor unserem geistigen Auge alle möglichen mysteriösen Bilder auf – einschließlich Kristallkugeln und Wahrsagerinnen in ihren Zelten. Ja, hinter diesen Bildern steckt eine wahre Geschichte, aber ich finde, es ist an der Zeit, etwas von dem Mysteriösen aus dem Mystischen herauszulösen.

Zunächst sollten wir verstehen, dass jeder Mensch mit der Gabe der Hellsichtigkeit geboren wird, obwohl sich die meisten davon überfordert fühlen, diese bemerkenswerte Fähigkeit zu begreifen oder zu nutzen.

Betrachten wir unsere übersinnlichen Fähigkeiten, mit denen wir geboren wurden, deshalb einmal genauer. Unabhängig davon, ob wir Lichtarbeiter sind oder nicht, kommen wir alle mit einer Art Vorinstallation dieser Eigenschaften zur Welt. Die folgenden fünf Eigenschaften gehören dazu:

1. Sensibilität (das Bewusstsein unserer fünf Sinne)

2. Intuition (Gedanken oder Eingaben, die auf unserem Unterbewusstsein beruhen)
3. Erkenntnis (die Wahrnehmung oder Aufmerksamkeit für unsere Umgebung)
4. Empathie (das Einfühlen in die Emotionen anderer)
5. Glaube (an Dinge, die man weder sehen noch beweisen kann, überzeugt sein)

Mit diesen Eigenschaften verbinden wir erst einmal nichts Mystisches. Wir alle haben diese Gaben und nutzen sie täglich. Einige wenden eine oder mehrere an, bei manchen ist eine von ihnen vielleicht stärker ausgeprägt als der Rest. Aber unter dem Strich machen diese fünf Eigenschaften und der Grad ihrer Ausprägung unsere übersinnlichen Fähigkeiten aus. Da wir alle unterschiedlich sind, muss jeder von uns seine eigenen Stärken entdecken.

Im folgenden Abschnitt betrachten wir die fünf Fähigkeiten genauer, damit du herausfinden kannst, welche bei dir in besonders hohem Maße vorhanden ist. Diese Erkenntnis ist die Voraussetzung für die Weiterentwickelung deiner einzigartigen Gaben.

Die außerordentlichen Fähigkeiten der Lichtarbeiter

Da Lichtarbeiter extrem sensible Wesen sind, ist der Entwicklungsgrad aller fünf Fähigkeiten bei ihnen besonders hoch. Für die Menschheit ist das zwar ein Geschenk, doch für einen unbewussten Lichtarbeiter kann sich dieses Geschenk eher wie ein Fluch anfühlen. In der Tat können die besonders intensiv vorhandenen Fähigkeiten viel Unruhe in das Leben eines Lichtarbeiters tragen.

Stell es dir so vor, als hörtest du ständig zu laute Musik. Sie dröhnt in deinen Ohren, und wenn du nicht weißt, wie man sie leiser stellt, kommt es zu einer Überbelastung des Gehörs, die großen inneren Stress verursacht. Die hohe Sensibilität kann Angst auslösen, und die starke Empathie mit dem kollektiven Bewusstsein kann zu schweren Depressionen führen. Oft erreichen den Lichtarbeiter intuitive Botschaften über körperliche Symptome (das, was wir als »Bauchgefühl« bezeichnen), die Krankheiten hervorrufen können.

Die hohe Intensität löst eine Lawine von Emotionen und Gefühlen aus, die wie aus dem Nichts auftauchen. Deshalb ist es für Lichtarbeiter so wichtig, zu begreifen, was sie erleben, und zu lernen, wie sie damit umgehen können. Es ist normal, dass ein Lichtarbeiter alle die unangenehmen Begleiterscheinungen eindämmen will und Himmel und Hölle in Bewegung setzt, um diese Wahrnehmungen und Gefühle zu unterdrücken. Unbewusste Lichtarbeiter versuchen vielleicht, sich mit Drogen und Alkohol zu betäuben, manche geraten ständig in zerstörerische Beziehungen, wieder andere richten ihren Schmerz gegen sich selbst und verletzen sich. Manche Lichtarbeiter ziehen sich ganz aus der Gemeinschaft zurück. Aber alle diese Entscheidungen erzeugen einen Teufelskreis. Es ist das Wesen der Lichtarbeiter, zu dienen und das Licht in die Welt zu tragen. Wenn sie ihrer göttlichen Mission nicht nachkommen, fühlen sie sich wert- und nutzlos, was alles nur noch schlimmer macht.

Wenn Lichtarbeiter nicht wissen, wie sie ihre Fähigkeiten nutzen können, fühlen sie sich verloren. Bei der Betrachtung der einzelnen Eigenschaften werden wir auch sehen, wie wir die Herausforderungen, denen die außersinnlichen Wahrnehmungen uns unterwerfen, auf gesunde und produktive Weise bewältigen können. Dazu gehören auch Hinweise, wie Lichtarbeiter ihre Fähigkeiten in den Dienst der Menschheit stellen können.

Obwohl nicht alle unbewussten Lichtarbeiter unter psychischen Problemen leiden, fühlen sich viele von ihnen entlastet, sobald sie ihre wahre Identität und ihre Aufgabe erkennen. Das ist zwar hilfreich, aber es bedeutet nicht, dass die Herausforderungen deshalb abnehmen. Die Aufgabe von Lichtarbeitern ist nicht einfach. Da Lichtarbeiter dazu neigen, die Gefühle anderer Menschen zu übernehmen, fühlen sie sich oft sehr ausgelaugt oder erschöpft. Manchmal sind Lichtarbeiter auch überfordert von der großartigen Aufgabe, der sie, bevor sie auf die Erde kamen, zugestimmt haben. Sie nehmen die Last der Menschheit auf sich und finden es dann schwierig, Licht in eine Welt zu tragen, die in Dunkelheit gehüllt ist.

Lichtarbeiter, die nicht wissen, wie sie mit ihren erhöhten Fähigkeiten umgehen sollen, leiden häufig unter:

- Depressionen
- Angstzuständen
- Süchten
- Stimmungsschwankungen
- Niedergeschlagenheit
- psychosomatischen Erkrankungen
- Gefühlen von Wertlosigkeit
- einem geringen Selbstwertgefühl
- unsozialem Verhalten
- Isolation
- zerstörerischen Beziehungen
- Tendenzen zur Selbstverletzung (etwa Ritzen oder Haare ausreißen).

Sich selbst schützen

Um die genannten Herausforderungen so weit wie möglich abzuwenden, müssen sich Lichtarbeiter regelmäßig reinigen und energetisch schützen.

Eine Frau namens Marcy, die ich bei einem spirituellen Kurs kennenlernte, hat diese Lektion auf die harte Tour gelernt. Marcy war sehr intuitiv begabt und dabei, ihre übersinnlichen Gaben weiterzuentwickeln. Jede Woche eröffneten wir den Kurs mit einer Meditation. Ich bemerkte, dass Marcy oft aufstand und den Raum mitten in der Meditation verließ. Als die Kursleiterin Marcy fragte, ob es ihr gut gehe, sagte Marcy, dass sie sich während der Meditationen »unwohl« fühle und aufhören müsse. Die Kursleiterin bot ihr einige Erdungstechniken an, und Marcy war bereit, sie auszuprobieren. Im Laufe der Zeit freundeten Marcy und ich uns an und gingen nach dem Kurs zusammen in ein Café. Wir sprachen darüber, wie gern wir uns mit spirituellen und metaphysischen Themen beschäftigten. Marcy erzählte mir, dass sie ihre Fähigkeiten verfeinern wollte, um eines Tages Menschen mit ihren Gaben zu helfen. Aber dann kam sie immer seltener zum Kurs, und irgendwann blieb sie ganz weg. Ich vermisste sie und beschloss eines Tages, sie anzurufen. Marcy freute sich, von mir zu hören. Sie erklärte mir, dass sie den Unterricht abgebrochen habe, weil sie nicht »dafür bestimmt sei«. Das verstand ich nicht, denn ihre Readings waren ausgezeichnet gewesen, und eigentlich hatte sie die Ausbildung genossen. Marcy meinte aber, dass sie sich bei den geführten Meditationen Woche um Woche schlechter gefühlt habe, ihr sei sogar schlecht geworden. Manchmal habe sie beängstigende Bilder gesehen, etwa Explosionen, Gesichter von Menschen, die schreckliche Schmerzen litten, und so furchtbare Szenen, dass sie die Meditation habe beenden und den Raum verlassen müssen. Diese Erlebnisse hatten Marcy Angst gemacht, und sie hatte sich nach jedem Kursbesuch tagelang ausgelaugt gefühlt. Zum Schluss hatte sie sich sogar in beruflicher Hinsicht beeinträchtigt gefühlt.

Ich erklärte Marcy, dass sie sich während der Meditation unbewusst öffnete und Energien aufnahm, die nicht ihre eigenen waren. Natürlich war das alles für sie äußerst unangenehm gewesen, doch ich versuchte, ihr klarzumachen, dass diese Reaktionen ein Hinweis auf die Erhöhung und Intensivierung ihre übersinnlichen Fähigkeiten waren, in einem Maße, das es ihr eines Tages ermöglichen würde, mit anderen Menschen zu arbeiten. Zu diesem Zeitpunkt hatte Marcy jedoch noch nicht gelernt, richtig mit ihrer Begabung umzugehen. Und die Energien der Kursteilnehmer hatten den Effekt noch verstärkt.

Marcy wusste nicht, wie sensibel sie war und wie sich das *bewusste* Empfangen von Energien anfühlen würde. Wir sprachen über verschiedene Schutzmöglichkeiten, und allein dieses Wissen half ihr, sich besser zu fühlen. Mit etwas Übung war sie in der Lage, in den Kurs zurückzukehren, wo sie übte, die Energien abzublocken, die außerhalb ihres eigenen Energiefeldes lagen. (Wir werden in Kapitel 5 genauer untersuchen, wie man das macht.)

Ich regte an, dass die Kursleiterin den Raum im Anschluss an jede Sitzung reinigen und segnen sollte, weil die noch vorhandene dunkle Energie später hinzukommende empfindliche Personen beeinflussen konnte. Diese Lernerfahrung war für uns alle ausgezeichnet!

Grenzerfahrungen

Manchmal werden die Auswirkungen erhöhter übersinnlicher Fähigkeiten sogar noch extremer wahrgenommen. Manche Lichtarbeiter durchleben wiederholt bestimmte außergewöhnliche Ereignisse, die sie verwirren, aufregen und sogar traumatisieren können, wenn sie diese Erfahrungen nicht als das erkennen, was sie sind: das Ergebnis ihrer höchst einzigartigen Natur.

Solche Ereignisse betreffen sicherlich nicht nur Lichtarbeiter. Wenn es dir ähnlich geht, bitte ich dich dringend, den nun folgenden Teil sorgfältig zu lesen und nachzuspüren, ob du nicht auch ein Lichtarbeiter bist. Zu den bezeichneten übersinnlichen Erfahrungen zählen zum Beispiel:

- hellsichtige Träume
- das Vorausahnen von Katastrophen
- das Gefühl der Trennung vom Körper
- Süchte (und ihre Überwindung)
- Panikattacken
- Depressionen ohne äußere Ursachen
- Ängste
- ein überreiztes vegetatives Nervensystem
- starke Nebenwirkungen von Medikamenten
- Ohrgeräusche und andere Hörstörungen
- außerkörperliche Erfahrungen
- Nahtod-Erfahrungen
- die Begleitung Sterbender
- die Kommunikation mit Verstorbenen.

Die nächsten fünf Kapitel befassen sich mit den übersinnlichen Gaben, die uns allen mitgegeben wurden. Wenn du während der Lektüre erkennst, welche bei dir besonders ausgeprägt sind, wirst du sie vielleicht als Geschenke annehmen und nicht länger als Hindernis betrachten. Außerdem leite ich dich an, wie du deine Gaben dazu nutzen kannst, nicht nur dein Leben zu verbessern, sondern auch die Energie des Planeten auszugleichen.

Kapitel 5:

Sensibilität – Reizüberlastung

Gibt es Tage, an denen du am liebsten aus der Haut fahren würdest? Tauchen wie aus dem Nichts plötzlich Ängste bei dir auf? Wir alle werden mit einer gewissen Sensibilität geboren, doch manche Menschen sind sensibler als andere. Die Art von Sensibilität, von der ich spreche, hat nichts mit Emotionen oder Sentimentalität zu tun.

Unsere fünf Sinne – Sehen, Hören, Tasten, Riechen und Schmecken – dienen uns als »Werkzeuge«, um uns in der physischen Welt zurechtzufinden. Bei Lichtarbeitern können einer oder mehrere dieser Sinne so stark entwickelt sein, dass sie sogar über das Physische hinausgehen und sich in den Äther hinein ausdehnen, um sich mit der Quellenenergie zu verbinden. Durch diese Sensibilität können sie höchst empfindlich auf äußere Reize reagieren wie etwa auf Lärm, Licht oder andere Menschen, auch wenn niemand um sie herum ähnlich empfindet.

Reizüberflutung kann einen Lichtarbeiter nicht nur körperlich, sondern auch emotional belasten – besonders, wenn er nicht weiß, warum er so empfindlich ist und wie er damit umgehen soll. Als Kind litt ich unter Panikattacken, die so lange auftraten, bis ich die wahre Natur meiner Lichtarbeiterseele erkannte und verstand, warum ich diese Ängste hatte. Erst diese Erkenntnis gestattet es Lichtarbeitern, ihre Hypersensibilität als die Gabe wahrzunehmen, die sie ist, sie schätzen, mit ihr umzugehen und sie weiterentwickeln zu lernen bzw. sie als Fähigkeit anzunehmen, die ihr Leben auf der Erde bestimmt und leitet.

Wie sensibel bist du?

Wenn ich ein lautes Geräusch höre, spüre ich es tief in meinen Knochen. Ich kann in einem Raum, in den zu viel Sonnenlicht einfällt, nicht am Fenster sitzen, weil es mir physische Schmerzen bereitet. Ich dämpfe ständig das Licht in meinem Haus. Ich bin außerdem sehr temperaturempfindlich und habe immer kalte Hände. Ich quäle mich mit derart vielen Befindlichkeiten, dass ich meinen Lebensstil ändern musste, um mit ihnen fertig zu werden. In welchen Situationen fühlst du dich überfordert? Stell eine Liste aller körperlichen Symptome zusammen, die regelmäßig auftauchen, wenn du verschiedenen Reizen ausgesetzt bist. Denk dabei über folgende Fragen nach:

- Wie reagierst du auf laute Musik?
- Erschrickst du bei einem lauten Geräusch?
- Fährst du aus der Haut, wenn dir jemand zu sehr auf die Pelle rückt?
- Reagieren deine Augen empfindlich auf helles Licht?
- Kannst du bestimmte Materialien nicht ertragen, etwa Wolle?
- Sagen andere, dass du zu empfindlich bist?
- Wirkt sich Koffein bei dir stärker aus als bei andere Menschen?
- Hast du in einer Menschenmenge Panikgefühle?
- Spürst du eine Veränderung deiner Stimmung, wenn jemand den Raum betritt?

- Bekommst du von Parfüm Kopfschmerzen?
- Leidest du an Lebensmittelunverträglichkeiten oder -allergien?
- Verursachen bestimmte Medikamente unerwünschte Nebenwirkungen oder zeigen sie eine gegenteilige Wirkung?

Auf diese Fragen gibt es natürlich keine richtigen oder falschen Antworten. Aber wenn du die Fragen, die du mit »Ja« beantwortet hast, genauer betrachtest, erhältst du einen Hinweis darauf, in welchem Bereich deine Lichtarbeitersensibilität am stärksten ausgeprägt ist und worauf du besonders achten solltest.

Was bedeutet deine Sensibilität?

Da die Sensibilität bei jedem anders und unterschiedlich stark ist, sind manche Menschen eher fähig, Energien mit einem unserer fünf Sinne zu erfassen. Die Analyse deiner eigenen Sensibilität gibt dir einen guten Überblick, wie und in welchem Bereich du deine Lichtarbeiterfähigkeiten nutzen kannst.

Wenn du zum Beispiel empfindlich auf Lärm reagierst, bist du vielleicht ein Lichtarbeiter, der Botschaften aus der geistigen Welt empfängt, weil dein Gehör geschärft ist. Wenn deine Haut empfindlich auf bestimmte Materialien reagiert, dann könntest du ein Lichtarbeiter mit heilenden Kräften sein, etwa durch Handauflegen. Reagierst du empfindlich auf helles Licht oder auf bestimmte Bilder, bist du wahrscheinlich ein Lichtarbeiter, der durch Bilder Botschaften von Geistführern und Lehrern empfängt.

Die folgenden geschärften Wahrnehmungen gehen mit außersinnlichen Fähigkeiten einher:

- Lichtempfindlichkeit: Hellsichtigkeit (klares Sehen)
- Lärmempfindlichkeit: Hellhörigkeit (klares Hören)
- Schmerz- oder Berührungsempfindlichkeit: Hellfühligkeit (klares Fühlen)
- Geruchsempfindlichkeit: Hellriechen (klares Riechen)
- Sensibilität für Gefühle: Hellwissen (klares Wissen).

Ich schlage dir nun einige spirituelle Methoden vor, die du je nach deiner individuellen Form von Sensibilität besonders gut anwenden könntest:

- Erhöhte Sensibilität für das Sehen: Auralesen, Tarot- oder Orakelkartendeuten, übersinnliche Wahrnehmung, Medialität, Energiebilder
- Erhöhte Sensibilität für Geräusche: Medialität, Seelen ins Licht führen, Klangheilung, Arbeit mit dem Elektronischen Stimmenphänomen (ESP)
- Erhöhte Sensibilität für Berührungen: Energieheilung (einschließlich Reiki), Psychometrie, Arbeit als intuitiver Berater
- Erhöhte Sensibilität für Geruch: Medialität, Aromatherapie, Ohrkerzentherapie
- Erhöhte Geschmacksempfindlichkeit: Medialität, ganzheitliche Heilung, Kräuterheilkunde.

Wie sich kommende Dinge andeuten

Die übersinnliche Wahrnehmung von Lichtarbeitern kann sich auch auf räumlich entfernte, vergangene und zukünftige Ereignisse beziehen. Man nennt die hellsichtige Wahrnehmung auch »Präkognition«.

Wenn ich zum Beispiel spüre, dass etwas in der Zukunft passieren wird, bekomme ich eine Gänsehaut. (Einige meiner Kollegen, die dies ebenfalls erleben, nennen sie »Spiritbumps« und sehen darin die Bestätigung für ihre Wahrnehmungen.) Eine solche körperliche Reaktion steht in Verbindung mit dem Tastsinn: Die Haut reagiert auf die empfundene Gewissheit, dass ein bestimmtes Ereignis stattfinden wird. Auch das Hellhören funktioniert auf diese Weise. Ich höre zum Beispiel, kurz bevor meine Mutter mich anruft, ein Klingeln in den Ohren. Meist klingelt das Telefon innerhalb von fünf Minuten, und sie ist dran.

Wie hast du dich gefühlt, kurz bevor in deinem Leben ein wichtiges Ereignis stattgefunden hat? Hattest du zum Beispiel in den Tagen vor einem Erdbeben Angst? Hast du dich ohne ersichtlichen Grund leicht und glücklich gefühlt, kurz bevor dich dein Chef mit einem Bonus überraschte? Emotionale oder körperliche Hinweise wie diese können Anzeichen von Präkognition sein. Achte auf deine eigenen Signale, sie geben dir Hinweise auf kommende Ereignisse.

Überreaktionen vermeiden

Wie ich zu Beginn dieses Kapitels erwähnt habe, kann Reizüberflutung körperlichen und emotionalen Stress verursachen. Folgende Symptome können auftreten:

- Angstzustände
- Nervosität
- ungerechtfertigte Ängste
- innere Unruhe
- Kopfschmerzen
- Schwindelgefühl
- chronische Schmerzen (aufgrund von Erkrankungen wie Fibromyalgie oder Restless-Legs-Syndrom)
- das Gefühl, vom Körper losgelöst zu sein.

Unbewusste Lichtarbeiter könnten versucht sein, sich medikamentös behandeln zu lassen, um die unangenehmen Gefühle zu unterdrücken, die ihre Wahrnehmungen hervorrufen. Dies kann zu Suchtproblemen führen oder, was noch schlimmer wäre, denn dann würden sie sich verloren, überflüssig und wertlos fühlen, ihre Lichtarbeitergaben blockieren. Doch zum Glück gibt es viel bessere Wege, um sich von den belastenden Gefühlen, die mit der Überempfindlichkeit verbunden sind, zu befreien.

Die Bedeutung deiner Sensibilität zu verstehen und sie als das Geschenk anzunehmen, das sie ist, ist die Voraussetzung, um den Umgang mit ihr zu erlernen. Als ich acht Jahre alt war, fühlte sich meine Mutter eine Woche lang unwohl, und wenig später hatte ich meine erste Panikattacke. Meine Empfindlichkeit gegenüber der Kranken hatte die Attacke ausgelöst. Die unerklärlichen Attacken hörten erst auf, als ich mich bewusst mehr und mehr auf meine Sensibilität und meine Identität als Lichtarbeiterin einstellte.

Es kann auch hilfreich sein, seinen Lebensstil zu verändern, um Auslöser für derartige Anfälle zu reduzieren. Du solltest also wissen, welche Nahrungsmittel, Getränke oder Medikamente bei dir als Auslöser wirken. Wenn ich zum

Beispiel tagsüber Kaffee trinke, dann bin ich die ganze Nacht wach. Ebenso wenig kann ich Medikamente einnehmen, die den Histamin-Rezeptorblocker Diphenhydramin enthalten, weil er mich – obwohl er die meisten Menschen schläfrig macht – stundenlang mit nervösem Zittern wach hält. Auch eine bestimmte Umgebung kann dich aus der Fassung bringen, sodass du den Ort entweder am besten meidest oder lernst, dich energetisch abzuschirmen. Vielleicht gibt es in deiner Wohnung oder in deinem Haus Energien von früheren Ereignissen oder von früheren Bewohnern. Denk an das alte Haus, das mein Freund David gekauft hat. David musste nicht ausziehen, aber er brauchte Hilfe, um den unruhigen Geist, der sich noch in seinem Haus aufhielt, zu erlösen.

Elektrische Hochspannungsleitungen können dein System aus dem Gleichgewicht bringen, besonders, wenn du hellfühlig bist (empfindlich bei Berührungen). Dies geschah zum Beispiel der kleinen Tochter einer Freundin, die an einem Sommercamp auf einem Gelände teilnahm, auf dem große Strommasten standen. Das normalerweise ruhige Kind, das sonst nie Probleme hatte, zur Schule zu gehen, weinte heftig, als es im Camp abgesetzt wurde, obwohl ihre beste Freundin ebenfalls teilnahm und das Programm viele Aktivitäten umfasste, die das kleine Mädchen liebte. Die Betreuer bemühten sich, mit der Kleinen zu arbeiten, aber irgendwann baten sie die Mutter doch, das Kind abzuholen. Sie brachte ihre Tochter in ein Camp an einem anderen Ort, wo es ihr sehr gut ging.

Menschen mit dunkler Energie lösen bei dir möglicherweise Überreaktionen aus. Das gilt nicht nur für Personen, die dich ärgern, sondern auch für depressive Menschen. Denk daran, dass deine Reaktionen nichts damit zu tun haben, ob du diese Menschen magst oder nicht, sondern wie deren Energie mit deiner interagiert. Deshalb ist es das oberste Gebot, zu lernen, wie man sich selbst schützt. Hier folgen einige Tipps, um Reizüberflutung zu vermeiden:

- Halte dich an dein tägliches Sportprogramm.
- Trink viel Wasser.
- Vermeide Koffein.
- Vermeide Medikamente mit hohem Diphenhydramin-Gehalt.
- Sorge für eine ordentliche und strukturierte Wohnung.
- Entferne alle Gegenstände, die alte Energien in sich tragen könnten.
- Zieh dich in einen ruhigen dunklen Raum zurück, um dich zu zentrieren.
- Meide, wann immer möglich, Menschenansammlungen.
- Sei dankbar dafür, dass deine Gaben es dir gestatten, anderen zu helfen.
- Schütze dich, wenn nötig.

Hochsensible Kinder

Während viele Babys die ganze Nacht durchschlafen und zufrieden sind, schreien andere permanent, wollen immerzu getragen werden und fordern viel Aufmerksamkeit. Sie verlangen, ständig gefüttert zu werden, können nicht ein- oder durchschlafen und wirken unzufrieden. Was glaubst du: Sind diese Babys vielleicht hochsensibel? Höchstwahrscheinlich ja.

Vielleicht weinen diese Babys so häufig und brauchen so viel Zuwendung, weil sie sehr empfindlich auf die Energien und Schwingungen um sie herum reagieren. Diese Kinder haben wahrscheinlich viel mehr außersinnliche Wahrnehmungen als andere. In letzter Zeit haben wir eine Zunahme von Kindern mit Sensibilitätsproblemen beobachtet. Sie werden als »High-Need-Babys« bezeichnet, und leider werden viele mit Medikamenten behandelt.

Da die Erdenebene schwer mit dunkler Energie belastet ist, inkarnieren immer mehr dieser empfindlichen Lichtarbeiter, um ihren Beitrag zum Ausgleich der Erdenergie zu leisten. Die Tatsache, dass die Zahl der High-Need-Babys steigt, sagt uns, dass die energetischen Veränderungen wirklich stattfinden.

Einige Hinweise darauf, dass ein Kind geschärfte Sinne haben könnte:

- Es erschrickt leicht.
- Es kann nicht schlafen.
- Es weint leicht.
- Es hat Allergien.
- Es mag bestimmte Stoffe nicht auf der Haut spüren.
- Es reagiert stark auf fremde Personen (Zu- oder Abneigung).
- Es reagiert empfindlich auf Geräusche.
- Große Menschenansammlungen machen ihm Angst.
- Es ist sehr temperaturempfindlich (besonders bei der Nahrung).
- Es reagiert stark auf Gerüche.
- Es zeigt grundlos Angst.

Als Kind war ich aufgrund meiner erhöhten Sensibilität extrem emotional, ängstlich und leicht einzuschüchtern. Ich hatte viele Schwierigkeiten in der Schule. Sowohl die

Lernbehinderung, die bei mir diagnostiziert wurde (Legasthenie, die eigentlich eine Gabe ist), als auch meine sensible Natur machten es mir fast unmöglich, mich auf den Unterricht zu konzentrieren. Ich reagierte auf die überdrehte und chaotische Energie im vollen Klassenzimmer.

Meine Lehrer bezeichneten mich als faul und schlampig, weil ich immer durch die Aufgaben hetzte und dabei alles falsch machte, nur um etwas Zeit zu gewinnen, um mich innerlich zurückzuziehen. Instinktiv verzog ich mich in den feinstofflichen Raum, um mich vor den Energien zu schützen, die mich quälten. (Ein sensibles Kind kann sich leicht aus der Erdung lösen, um die energetische Belastung zu bewältigen.) Wegen der negativen Beurteilung durch die Lehrer und die Art und Weise, wie sie mich behandelten, fühlte ich mich wertlos. Mein Selbstwertgefühl lag am Boden.

Ich überlege oft, wie viel positiver meine Schulzeit gewesen wäre, wenn ein Erwachsener meine Nöte erkannt und mir mit einigen Übungen zur Abschirmung geholfen hätte. Wenn sich ein Kind schnell ablenken lässt oder sich nur schwer konzentrieren kann, dann ist es vielleicht hochsensibel und reagiert so auf die Energien, mit denen es sich bombardiert fühlt. Für das Kind wäre es entlastend, wenn es sich nach dem Schultag erst einmal entspannen dürfte – mit einem Spaziergang, dem Lesen einer beruhigenden Geschichte, mit einem warmen Bad (Wasser verdünnt und spült einen Großteil der überschüssigen Energien ab) oder einfach mit einer ruhigen Auszeit.

Es sollte nach der Schule nicht zu einer anderen Aktivität hetzen (etwa zum Sport oder zum Musikunterricht), Hausaufgaben machen, fernsehen oder am Computer spielen. Es sollte außerdem deutlich weniger Zucker in Getränken und Nahrungsmitteln zu sich nehmen. Ein ruhiges, sicheres und liebevolles Zuhause ist ein Muss für empfindliche Lichtarbeiterkinder. Mithilfe der hier genannten Tipps lernen sie, mit ihrer Sensibilität besser umzugehen.

Wie du dich energetisch schützt

Abschirmung ist eine wichtige Technik, die du täglich anwenden solltest, nicht nur dann, wenn du spürst, dass du sie brauchst. Betrachte sie als eine wichtige Präventionsmaßnahme wie zum Beispiel die Einnahme von Vitaminen oder das Zähneputzen. Die Abschirmung erdet dich nicht nur, sondern verhindert auch, dass dein Energiefeld die negativen Energien um dich herum absorbiert.

Es gibt viele verschiedene Schutztechniken, aber beginne mit dieser relativ einfachen Übung. Später kannst du sie nach Bedarf ändern oder anpassen.

1. Hülle dich gedanklich in eine Blase aus weißem Licht, das von deinem höheren Selbst über deinem Kopf kommt.
2. Das weiße Licht umgibt deinen ganzen Körper einschließlich der Fußsohlen.
3. Sag dir selbst, dass dich die Lichtblase vor allem beschützt, was dir Angst macht, ebenso vor Problemen und Gefahren.
4. Erlaube dir, das schützende weiße Licht mit seiner Kraft zu spüren. Es ist so stark, dass nichts und niemand es durchdringen kann. Nichts Negatives kann dich erreichen.

Erinnere dich in schwierigen Situationen einfach an die schützende Blase und die Licht erzeugenden Gefühle, die sie hervorruft. Das funktioniert gut, wenn du zum Beispiel mit vielen Menschen zusammen bist und dich von negativer Energie umgeben fühlst, aber auch bei einem Konflikt zu Hause oder bei der Arbeit. Denk immer daran, dich abzuschirmen, bevor du zu einer Party oder einer Veranstaltung mit vielen Menschen und unzähligen Reizen gehst. Übrigens ist es auch eine gute Übung, dich abzuschirmen, bevor du in ein Auto steigst (egal ob du fährst oder Beifahrer bist).

Die Energie anderer Menschen aufnehmen

Jetzt ist es an der Zeit, einen tieferen Blick auf die Energiefelder anderer Personen zu werfen. Hier ist nicht Empathie gemeint, über sie sprechen wir in einem späteren Kapitel. Vielleicht bist du in guter Stimmung, und dann ruft ein Freund an. Er ist total verzweifelt und niedergeschlagen. Er erzählt, dass seine Aktien im Keller sind und dass er sein Haus nicht verkaufen kann. Er weiß nicht mehr, wie er für die Ausbildung seiner Kinder aufkommen soll. Auch wenn dir klar ist, dass er sich nur Sorgen macht und dass wahrscheinlich trotzdem alles gut gehen wird, ist deine gute Laune plötzlich wie weggeblasen. Aus heiterem Himmel bekommst du schwere Kopfschmerzen. Oder du kommst vom Fitnessstudio nach Hause und bist vom Training noch total energetisiert, da wirst du mit deinem Mitbewohner konfrontiert, der deprimiert auf dem Sofa sitzt. Plötzlich bist du unglaublich müde, obwohl du dich noch vor einer Minute richtig gut gefühlt hast.

Was geht dabei vor? Wenn du empfindlich auf andere Menschen reagierst, dann nimmst du schnell deren Energie auf und hältst sie für deine eigene. Die unerwünschten Reaktionen manifestieren sich durch einen deiner fünf erhöhten Sinne. Um die dunkle Energie zu stoppen und zu erkennen, was da gerade passiert, musst du zunächst einmal unterscheiden, welche Energie deine eigene ist und welche zur anderen Person gehört. Danach schützt du dich.

Sicherlich fühlst du mit deinem Partner mit, der einen schlechten Tag im Büro hatte. Aber trenne eure Energien im Geiste. Es ist nicht deine Aufgabe, die Energie einer anderen Person zu leben.

Hochsensible Menschen sollten Gewalt- und Horrorfilme vermeiden, denn es ist durchaus möglich, allein durch das Betrachten der Bilder deren negative Energie aufzunehmen. Obwohl man vorher ruhig war, schreit man nun plötzlich die Kinder an. Doch solche Reaktionen sind nicht auf Horrorfilme beschränkt, auch Talkshows oder Zeitungsberichte über tragische Ereignisse im Leben anderer Menschen können zu lang anhaltenden Störungen führen, wenn du dich nicht schützt.

Achte deshalb darauf, wie du auf solche Situationen reagierst. Nimmst du Veränderungen im Körper (Schmerzen oder Müdigkeit) oder in deiner Stimmung wahr (Depressionen oder Nervosität)? Hast du Albträume oder grübelst du ohne Pause?

Auch hier gilt: Lass nicht zu, dass Energien, die nicht deine eigenen sind, deine Sinne übernehmen. Es ist heutzutage nicht einfach, positiv zu bleiben, wenn man Nachrichten oder Wirtschaftsberichte hört. Entscheide dich also, weniger Fernsehnachrichten anzuschauen und deinen Kopf nicht mit dem unnötigen Durcheinander von Talkshows oder Seifenopern vollzustopfen.

Die Last der Welt auf sich nehmen

Die Sinne eines Lichtarbeiters werden in hohem Maße durch das kollektive Bewusstsein beeinflusst. So wie sich die universelle Energie der Erde durch weitreichende Ereignisse verschiebt, so verändern sich auch die Hellsinne. Das ist schwer zu vermeiden, aber du kannst es durchstehen.

Bei schwerwiegenden Katastrophen spüren die meisten Lichtarbeiter entsprechende Auswirkungen. Am Jahrestag des 11. September überkommt mich zum Beispiel immer eine schwere Depression oder ich habe während meiner Meditationen beunruhigende Visionen. Es ist wichtig, bewusst mitzuverfolgen, was in der Welt passiert, damit du deine Gefühle mit aktuellen Ereignissen in Verbindung bringen kannst. Hattest du vor dem Tsunami in Thailand im Dezember 2004 oder dem Erdbeben in Haiti im Januar 2010 eine Panikattacke? Warst du in der Woche vor dem Tod von Michael Jackson und Farrah Fawcett traurig? Hast du ein Ohrgeräusch gehört, bevor in den Nachrichten über einen Flugzeugabsturz berichtet wurde?

Vor Ereignissen, die Einfluss auf die kollektive Energie der Erdenebene nehmen, erlebst du bei dir vielleicht seltsame sensorische Verhaltensweisen, die scheinbar ohne Grund auftreten. Achte auf solche Zusammenhänge, denn dadurch kannst du deine Gefühle besser verstehen und künftig schneller verarbeiten. Die Kenntnis der bei dir auftretenden Symptome kann dir außerdem helfen, durch sie kommende Ereignisse vorherzusehen.

Wenn du die Auswirkungen der kollektiven Energie wahrnimmst, dann hilf dir selbst, indem du dich mit der Schönheit der Natur verbindest. Mach einen Spaziergang und schnappe frische Luft, um deinen Energiehaushalt wieder ins Lot zu bringen. Die Verbindung mit Bäumen oder mit allem, das fest in der Erde verwurzelt ist, hilft dir, deine Energie zu erden. Umarme einen Baum oder leg dich auf einen großen Felsen: Beides erdet dich sofort und verbindet dich mit der Lichtenergie der Erdenebene.

Sensibilität ist nur ein Aspekt des Lichtarbeiters. Wenn deine fünf Hellsinne die Fähigkeiten deines Körpers übertreffen, dessen Herausforderung darin besteht, sie unter Kontrolle zu halten, dann solltest du dich daran erinnern, dass deine sensible Natur ein Geschenk ist, das dir dabei hilft, die Erde zu heilen. Lerne, deine Gaben produktiv zu nutzen. Damit hilfst du nicht nur dir selbst, sondern auch anderen.

Als Nächstes werden wir die zweite Eigenschaft der Lichtarbeiter untersuchen: die Intuition.

Kapitel 6:

Intuition – Zugriff auf die Festplatte des Universums

Beginnen wir mit der Bedeutung des Wortes »Intuition«: Gemeint sind Gedanken oder plötzliche Eingebungen, die auf unserem Unterbewusstsein beruhen. Menschen, die intuitiv sind, haben oft ein unerklärliches Bauchgefühl, das sich überwiegend als richtig erweist. Das ist eigentlich nicht überraschend, wenn man bedenkt, dass wir alle, obwohl wir in einem physischen Körper eingeschlossen sind, aus Energie bestehen und durch die Quelle miteinander verbunden sind. Unser Körper braucht die fünf Sinne, um die Umwelt physiologisch wahrzunehmen, aber unser Energiekörper ist direkt mit der allwissenden Quelle verbunden und kann über die Beschränkungen der physischen Welt hinausgehen.

Intuition ist ein ganz natürlicher Teil unseres energetischen Wesens, das sich mit der Quelle verbindet und auf Informationen zugreift, die wir mit unseren physischen Sinnen nicht wahrnehmen können. Und weil wir alle ein Teil der Quelle sind, sind wir alle intuitiv. Jeder von uns kennt das: Wir wissen zum Beispiel, wer uns gleich anrufen wird, oder unser Bauch sagt uns, dass wir nicht in diese bestimmte Straße einbiegen sollten. Die entsprechenden Informationen erreichen uns von außerhalb der physischen Welt.

Wenn du spontan auf diese Informationen aus der Quelle zugreifst, nutzt du unbewusst diesen unendlichen Wissenspool, der jedem Lebewesen auf der Erde zur Verfügung steht. Sogar Tiere haben Zugang zur Quellenintelligenz, weil auch sie Teil der Quellenenergie sind. Es ist kein Zufall, wenn ein Haustier Hunderte von Kilometern zurücklegt, um seine Familie wiederzufinden. Die meisten Menschen erklären sich solche Zusammenhänge mit »Instinkt«.

Erinnere dich daran, wie sich ein Baby im Mutterleib entwickelt, wie sich die Zellen immer weiter teilen, bis ein neuer Mensch entsteht. Denk daran, wie kompliziert und präzise geformt eine Blume ist, wie perfekt jedes einzelne Blütenblatt platziert ist oder wie die Sonne jeden Tag auf- und untergeht. Die komplexen und schönen Dinge in unserer Welt, die wir für selbstverständlich halten, existieren nicht zufällig. Sie wurden von der Intelligenz unseres Schöpfers detailliert geplant. Die Quellenintelligenz kannst du dir als gigantischen Computer mit einer unbestechlichen feinstofflichen Festplatte vorstellen, die Informationen über alles speichert, was jemals ist, war oder sein wird.

Hellsichtige haben Zugang zur Quellenintelligenz und rufen für sich oder andere Informationen über zukünftige Ereignisse direkt ab. Es amüsiert mich, wenn ich Hellseher sagen höre, dass sie nicht wissen, woher ihre Informationen kommen, oder wenn einer sagt: »Der Geist in mir spricht …«. Das allmächtige, allwissende Wesen im Himmel wird gelobt (oder beschimpft) für die Informationen, die das Medium weitergibt. Ein Hellseher tut nichts anderes, als sich in diesen riesigen Computer einzuloggen, auf die feinstoffliche Festplatte der Intelligenz der Quelle zuzugreifen und Informationen zu extrahieren.

Warum manche Hellseher falsch liegen

Wenn alles Wissen der Quelle rein und wahr ist, warum sind dann manche Voraussagen ungenau oder falsch? Alle Informationen aus der Quelle sind richtig, doch Hellseher liegen manchmal falsch mit ihrer »Übersetzung«. Die vom Hellseher intuitiv empfangenen Informationen werden durch sein Ego gefiltert, und durch seine persönlichen Meinungen, Gefühle und Vorurteile wird die Information verzerrt.

Stell dir ein Medium als einen Filter oder Kanal vor, durch den die Informationen fließen. Der Kanal muss klar sein, wenn die Information rein bleiben soll. Wenn der Filter oder Kanal verunreinigt ist, kommt es zu Fehlkommunikation. Der Ablauf ähnelt »stiller Post«: Wenn die ursprüngliche Nachricht bei der letzten Person in der Schlange ankommt, ist sie normalerweise nicht mehr zu erkennen.

Intuition für Lichtarbeiter

Lichtarbeiter sind äußerst (manchmal auf schmerzhafte Weise) intuitiv. Aber wie alle anderen Menschen müssen sie ihr Ego unter Kontrolle halten. Wenn sie intuitive Informationen herausfiltern, die ausschließlich auf ihrem egogetriebenen Kontext, ihren Erfahrungen oder Wünschen beruhen, dann ist ihre Menge sehr begrenzt. Noch schlimmer ist es, wenn ein Lichtarbeiter regelrecht von intuitiven Gefühlen gequält wird, auf die er aber nicht reagiert. Arbeitet er jedoch gezielt daran, sein Ego in den Hintergrund zu stellen, dann öffnet er sich automatisch für alle Möglichkeiten und Ergebnisse und erhält leichter Zugang zu intuitiven Informationen.

Lichtarbeiter nutzen ihre erhöhte Intuition, um anderen Menschen bei der Suche nach ihrem Weg zu helfen, deshalb fühlen sich diese Menschen zu ihnen hingezogen und suchen ihre Begleitung. Aus diesem Grund sind Lichtarbeiter hervorragend für Dienstleistungsberufe geeignet. Aber sie lassen sich natürlich auch bei ihren eigenen wichtigen Lebensentscheidungen von ihrer Intuition leiten.

Vertrauen aufbauen

Um als Lichtarbeiter deine Intuition zu entwickeln und zu nutzen, solltest du erkennen, wenn sich dein Ego einschaltet, indem es dir Sätze zuflüstert wie »Du leidest ja an Verfolgungswahn!« oder »So etwas passiert doch nie!«. Du kannst es mir glauben, genau das so Abgewiegelte wird passieren!

Weil das Ego aus reiner Angst besteht, wird es der Quelle *niemals* vertrauen. Es traut niemandem. Es mag dir unmöglich erscheinen, aus dem Einflussbereich deines Egos herauszutreten, um absolutes Vertrauen in die Quelle aufzubauen, aber ich versichere dir, dass einem Lichtarbeiter das sehr wohl gelingen kann. Erinnere dich an deinen Platz in der Gemeinschaft. Wir sind alle wie Wassertropfen in einem Ozean; auch der kleinste Tropfen wird von den Gezeiten bewegt. Wenn wir darauf vertrauen, dass die Flut immer in die richtige Richtung fließt, ist es einfacher, sich dem Strom hinzugeben. Konzentriere dich auf unsere durch die Quelle ermöglichte Verbindung und auf das mit ihr einhergehende liebevolle Gefühl statt auf deine vom Ego getriebene Angst. Viele meiner Klienten kommen zu mir und kennen bereits die Antworten auf ihre Fragen; sie brauchen einfach nur eine Bestätigung dessen, was sie selbst schon wissen.

Wenn du intuitiv erhaltene Informationen missachtest, weil du ihnen nicht vertraust, oder jemanden brauchst, der sie dir bestätigt, dann kannst du nicht die bestmöglichen Entscheidungen treffen beziehungsweise anderen nicht effektiv helfen.

Ein gutes Beispiel dafür ist die Geschichte eines Polizeikommissars, die mir mein Mann erzählte: Er hörte nicht auf sein Bauchgefühl, als er den Fall eines vermissten Jungen aufklären sollte. Zwei Wochen, nachdem der Junge als vermisst gemeldet worden war, wurde er tot an einem Flussufer aufgefunden. Er war anscheinend ertrunken. Der Stiefvater des Jungen erzählte der Polizei, dass der Zwölfjährige häufig am Fluss gespielt habe. Er habe den Jungen gewarnt, dass er eines Tages ausrutschen und in den Fluss fallen könnte. Auch nach stundenlanger Befragung des Stiefvaters fand der Polizist keinen Hinweis darauf, dass dessen Darstellung nicht stimmte. Doch er hatte das Gefühl, dass an dieser Geschichte etwas »faul« war. Der Polizist spürte, dass der Stiefvater etwas verheimlichte, obwohl alle Fakten auf ein Unglück hindeuteten. Erst Wochen später ergab die Autopsie des Jungen, dass die Todesursache keineswegs Ertrinken war. Er war erwürgt worden. Dann stellte sich heraus, dass der Stiefvater schon einmal wegen häuslicher Gewalt aufgefallen war. Zu diesem Zeitpunkt hatte dieser den Bundesstaat aber bereits verlassen und ist bis heute auf freiem Fuß. Hätte der Polizist seiner Intuition vertraut, hätte er einen Grund gefunden, um den Mann festzuhalten. Aber seine Zweifel waren stärker, und er ließ ihn laufen. Die Quelle hatte ihm die richtigen Informationen gegeben, aber da er keinen Fehler bei der Festnahme des Stiefvaters machen wollte, war seine Angst größer als sein Vertrauen in sein Bauchgefühl.

Die Intuition führt dich bereits

Viele Menschen lassen sich in ihrem Handeln häufiger von ihrer Intuition leiten, als ihnen bewusst ist. Die Intuition leitet uns in allen Lebensbereichen, eröffnet uns Möglichkeiten und gibt uns Sicherheit, auch wenn wir den subtilen Hinweisen meist nicht viel Aufmerksamkeit schenken. Aber es kann sich wirklich lohnen, mehr auf sie zu achten.

Ein Bekannter von mir wollte einmal von Los Angeles nach New York fliegen. Er war viel auf Geschäftsreisen, und einen Großteil seines Lebens verbrachte er auf Flughäfen. Eines Abends wartete er wieder einmal am Gate auf den Abflug. Draußen war es kalt und sternenklar. Plötzlich hatte er ein höchst ungutes Gefühl. »Ich spürte einfach, dass ich nicht einsteigen sollte«, erzählte er mir später. Das Flugzeug war voll besetzt, und die Maschine flog pünktlich ab. Es gab keinen Grund für ihn, den Rückflug nach Hause nicht anzutreten, aber sein Bauchgefühl, besser erst am nächsten Morgen abzureisen, war so stark, dass er blieb, auch wenn das bedeutete, dass er ein wichtiges Geschäftsfrühstück verschieben musste. Der Mann ging also zum Schalter und buchte seinen Flug auf den nächsten Tag um, weil er schon immer auf diese kleine Stimme in seinem Inneren gehört hatte. Sie hatte ihn bisher noch nie getäuscht.

Später am Abend erhielt mein Bekannter die Nachricht, dass seine Mutter, die in Los Angeles lebte, einen Herzinfarkt erlitten hatte. Wäre er wie geplant in das Flugzeug eingestiegen, dann hätte es wegen Winterstürmen und Flugverspätungen zwei Tage gedauert, um von der anderen Seite des Landes zurückzukommen. Doch weil er seiner Intuition vertraut hatte, befand er sich noch immer in Los Angeles und konnte in kürzester Zeit im Krankenhaus sein.

Seine Mutter lag auf der Intensivstation und überstand eine riskante Herzoperation. Glückte ihr dies, weil ihr geliebter Sohn an ihrer Seite war? Hätte sie die Nacht ohne ihn überlebt? Diese Fragen kann kein Mensch beantworten. Doch ich bin davon überzeugt, dass der Mann genau die richtige Entscheidung getroffen hat. Er verließ sich auf sein intuitives Gefühl und flog nicht ab.

Intuition erkennen

Damit du deine intuitiven Kräfte weiterentwickeln kannst, musst du sie zunächst einmal erkennen. Akzeptiere die Tatsache, dass du intuitiv begabt bist, und nimm deine Vorahnungen als gültige Mitteilungen an, statt sie als Unsinn abzutun.

Mary lernte genau das, als ihre siebenjährige Tochter Bree anlässlich der Geburtstagsfeier ihrer Schulfreundin zu einem Campingwochenende eingeladen wurde. Mary hatte ein schlechtes Gefühl bei der Sache. Sie kannte die Mutter des anderen Mädchens nicht und machte sich Sorgen, ob ihre Tochter auf dem Campingplatz, der von tiefen Seen umgeben war, auch sicher wäre. Sie zog in Betracht, vielleicht übervorsichtig zu sein, lehnte die Einladung aber trotzdem ab. Bree weinte tagelang. Nach dem Wochenende fand Mary heraus, dass die andere Mutter sich zwar sehr bemüht hatte, die zehn Mädchen unter Kontrolle zu halten, aber eines von ihnen hatte sich trotzdem auf den Wegen rund um den Campingplatz verlaufen und war für über zwei Stunden nicht auffindbar gewesen. Da erkannte Mary, dass ihre Entscheidung nicht auf Angst, sondern auf ihrer Intuition beruht hatte. So hatte sie ihre Tochter beschützt.

Mark machte eine ähnliche Erfahrung, als er ein Haus in einem Vorort von Atlanta kaufen wollte. Es war eine süße kleine Ranch, die zwar renoviert werden musste, aber weil Mark auf dem Bau arbeitete, wusste er, dass er das schaffen würde. Seine Bank bewilligte den Kredit, und er sah sich das Grundstück fünfmal an. Aber als er das endgültige Kaufgebot abgeben wollte, beschlich ihn ein seltsames Gefühl. Etwas in ihm riet ihm vom Kauf des Hauses ab, obwohl es ihm ideal geeignet erschien. Mark hörte nicht auf den Immobilienmakler, der ihn unter Druck setzte. »Sie werden das Haus verlieren«, warnte ihn der Makler. »Es gibt sehr viele andere Interessenten dafür.« Obwohl Mark nicht sagen konnte, warum, entschied er sich gegen den Kauf. Drei Wochen später wurde seiner Freundin ihr Traumjob in Florida angeboten. Mark dachte darüber nach, was für ihn eine Fernbeziehung bedeuten würde – er in Atlanta, sie in Florida. Dann machte er ihr einen Heiratsantrag, und sie kauften ein Haus in Tampa.

Janet ist eine alleinerziehende Mutter, die mit ihrem fünfjährigen Sohn Nick in Wisconsin lebt. Eines Morgens wachte Janet mit einem schrecklichen Gefühl im Magen auf. Draußen türmten sich die Schneemassen immer weiter auf. Ihr war nicht klar, was mit ihr an diesem Morgen los war. Doch als Nick in die Küche kam und nach Waffeln fragte, wusste sie plötzlich, dass sie aus irgendeinem Grund nicht wollte, dass er an diesem Morgen in den Schulbus stieg. »Es schneite nicht so stark, dass es gerechtfertigt schien, der Schule fernzubleiben«, erzählte sie mir später. »Wir waren schon bei viel schlechterem Wetter zusammen zum Bus gegangen. Aber an diesem Tag hörte ich immer wieder diese starke Stimme in mir, die mir riet, Nick lieber nicht in den Bus zu setzen.« Das brachte Janet wirklich in die Klemme, denn ihr Mann war bereits mit dem SUV zur Arbeit gefahren, und in ihrem kleinen Auto wollte sie ihren Sohn nicht während eines Schneesturms zur Schule fahren. »Es war vielleicht verrückt«, sagte sie, »aber ich behielt Nick an diesem Tag zu Hause und versprach mir selbst, dass wir mithilfe des Schulsenders Schularbeiten machen würden.« Janet sorgte sich, ob ihr Mann sie wegen ihrer Entscheidung für eine dieser verrückten Übermütter halten würde, die ihre Kinder ständig vor den notwendigen Erfahrungen im Leben bewahren wollten. Aber es dauerte nicht lange, bis Janet herausfand, dass ihre Intuition richtig gewesen war. Der lokale Nachrichtensender berichtete, dass der Schulbus, mit dem Nick normalerweise zur Schule fuhr, von der Straße abgekommen und in einen Graben gerutscht war. Hätte sie nicht auf ihre Intuition gehört, wäre Nick in dem Bus gewesen. Etwas später kam die Nachricht, dass mehrere Kinder ins Krankenhaus eingeliefert worden waren. Am Abend umarmte Janets Mann seine Frau fest und sagte immer wieder: »Ich nenne dich nie wieder verrückt.« Der kleine Nick sagte beim Zubettgehen: »Danke, Mami, dass ich heute keinen Unfall hatte.«

Viele Menschen kennen die erstaunliche Geschichte des 65-jährigen Taxifahrers aus New York, der zehn Jahre lang jeden Morgen mit seinem Wagen vor dem World Trade Center stand. Am 11. September 2001 hatte er das nagende Gefühl, dass er sofort seine Tochter in Chicago anrufen müsse. Da er kein Handy besaß und sein Taxi weit hinten in der Schlange stand, verließ er das Auto für einen Moment, um ein Münztelefon an einer nahe gelegenen Tankstelle zu benutzen. Er stellte sich vor, kurz anzurufen und gleich wieder zurück zu sein. Während er noch telefonierte, raste das erste Flugzeug ins World Trade Center. Es dauerte nicht lange, bis sein Taxi unter mehreren Metern Schutt begraben war. »Normalerweise telefoniere ich sonntags mit meiner Tochter, aber ich hatte einfach das Gefühl, ich müsste sie jetzt anrufen. Es war alles in Ordnung mit ihr und meiner Enkelin«, berichtete er später staunend. »Es fühlte sich an, als wäre da draußen irgendeine andere Kraft, und sie rettete mein Leben.« Der Taxifahrer war seinem spontanen Bauchgefühl gefolgt, denn da draußen war keine andere Kraft, die ihn rettete. Es war seine Bereitschaft, seinem inneren Wissen zu folgen, einem Wissen, das seinen Ursprung in der Verbindung mit allem anderen »da draußen« im Universum hatte.

Ich könnte noch mehr Geschichten von Menschen erzählen, die dankbar dafür sind, dass sie ihrer Intuition folgten. Und natürlich sind nicht alle Situationen, in denen man seiner Intuition folgt, so dramatisch wie die hier geschilderten. Die Quintessenz ist, dass du *niemals* schiefliegen wirst, wenn du auf dein Bauchgefühl hörst. Auch wenn es für dich im ersten Augenblick vielleicht keinen Sinn ergibt: Höre auf deine innere Botschaft und folge ihr. Vielleicht verstehst du sie jetzt noch nicht, aber ganz sicher später.

Wie sehr vertraust du deiner Intuition?

Wir alle kennen Menschen, die vom Glück verfolgt zu sein scheinen. Wie bei »Forrest Gump« verwandelt sich alles, was sie anfassen, in Gold. Forrest war voller Vertrauen, er stellte seine Existenz nie infrage, sondern akzeptierte sie einfach. »Das Leben ist wie eine Schachtel Pralinen«, sagte er. »Man weiß nie, was man kriegt.« Wir alle kennen aber auch Menschen, die ständig falsche Entscheidungen treffen und denen das Pech an den Fingern zu kleben scheint. Diese Menschen haben sehr wenig Vertrauen in ihre intuitive Führung und sollten dringend ihr Bewusstsein dafür schärfen. Generell sind sie anderen Menschen gegenüber eher misstrauisch. Sie sagen Sätze wie »Das ist einfach meine Art von Glück«, während sie sich an die einschränkenden Vorstellungen davon klammern, wie ihr Leben sein sollte, oder warum sie nicht so schlank, reich, erfolgreich oder gesund sind, wie sie es gern wären. Diese Menschen erhalten genau wie die Glücklichen intuitive Botschaften, aber statt ihrer Intuition zu vertrauen, zweifeln sie an sich selbst. Sie lassen sich von ihren schlechten Erfahrungen leiten und von einem Ego, das von der Quelle empfangene Mitteilungen bis zur Unkenntlichkeit verzerrt.

Wie sehr vertraust du deiner Intuition? Widerfahren dir ab und zu Situationen aus der folgenden Liste?

- Du verirrst dich selten in fremden Gegenden oder Städten.
- Andere sagen, dass du viel Glück hast.
- Du hast Träume, die wahr werden.
- Du rufst einen Freund an, und er sagt zur Begrüßung: »Ich habe gerade an dich gedacht!«
- Du weißt, wer anruft, bevor du ans Telefon gehst.
- Nach einem Unglück kannst du im Rückblick die Anzeichen erkennen, die darauf hingewiesen haben.
- Du sagst oft: »Ich habe das Gefühl ...«
- Du schaltest immer gerade dann das Radio ein, wenn dein Lieblingslied läuft.
- Du spürst, wenn dich jemand anlügt.
- Du denkst an jemanden, und kurz darauf hörst du etwas von dieser Person oder über sie.

Wenn mindestens die Hälfte der Punkte dieser Liste auf dich zutreffen, dann vertraust du wahrscheinlich deinem intuitiven Bewusstsein und lässt dich von ihm leiten. Mach dir keine Sorgen, wenn es nicht so viele Übereinstimmungen gibt. Das bedeutet nur, dass du noch daran arbeiten musst, deine inneren Signale wahrzunehmen.

Deinen »Intuitionsmuskel« trainieren

Intuition drückt sich nicht nur durch emotionale Reaktionen aus, etwa wenn sich eine Situation einfach nicht richtig anfühlt oder du plötzlich den Drang verspürst, deine Pläne zu ändern. Manche Menschen erhalten körperliche Signale wie Kopf- und Bauchschmerzen oder Hautirritationen oder sogar Ausschläge. Deine Intuition wird viele verschiedene Wege finden, um dir Signale zu senden, falls etwas in deinem Leben nicht das ist, was es zu sein scheint. Wenn du die folgenden Ratschläge berücksichtigst, kannst du deine intuitiven Gefühle bewusster wahrnehmen, egal, in welcher Form sie sich bei dir einstellen.

- Erinnere dich daran, der Quelle zu vertrauen.
- Sei aufgeschlossen.
- Sei bereit, ein Risiko einzugehen.
- Bleib ruhig und gelassen, damit die Informationen leichter fließen.
- Stell dein Ego in den Hintergrund.
- Achte nicht auf Zweifel an den Informationen der Quelle.
- Fokussiere dich nicht auf ein bestimmtes Ergebnis.
- Konzentriere dich auf dich selbst und achte auf subtile Zeichen.

Intuitive Botschaften kommen nicht so auffällig daher wie eine schreiend bunte Leuchtreklame! Sie können dir wie aus dem Nichts als Gedankenblitz in den Sinn kommen oder du hast ein entsprechend warnendes oder gutes Gefühl oder eine körperliche Reaktion. Der intuitive Prozess beginnt mit kleinen Anzeichen, deshalb solltest du sie beim nächsten Mal nicht abtun.

Es gibt keinen greifbaren äußeren Grund für intuitive Gefühle. Du erkennst sie daran, dass sie erst einmal keinen sofort nachvollziehbaren Sinn ergeben. Sie haben ihren Ursprung eben nicht in den Windungen unseres Gehirns. Intuition geht weit über die Erdenebene und die Begrenzung unseres physischen Körpers hinaus. Es ist Wissen, das von einem höheren Ort kommt, von einer unendlichen Intelligenz, und es hilft uns, mehr Licht in unser Leben und in die Welt zu tragen.

Kapitel 7:

Erkenntnis – kosmisches Bewusstsein

Halt einmal inne und denk über deinen Alltag nach. Wie oft bist du auf »Autopilot« unterwegs? Da eine deiner übersinnlichen Gaben die Erkenntnis ist, solltest du dir die göttlichen Informationen bewusst machen, die sich bei dir in Form von Zeichen, Signalen und Synchronizitäten einstellen.

Diese mehr oder weniger subtilen Botschaften kommen aus der geistigen Welt zu dir, und du sollst sie wahrnehmen. Wenn du sie nicht erkennst, entgeht dir ihre Führung und Begleitung.

Tina ist ein gutes Beispiel. Als Wirtschaftsprüferin für eine große Buchhaltungsfirma in Fort Lauderdale war sie mit ihrem Leben nicht mehr zufrieden. Ihr Job ödete sie an, ihre Beziehungen schienen nie zu funktionieren, und sie empfand ein Gefühl der Leere. Weil ihr der Umgang mit Zahlen, Konten und Geld so oberflächlich erschien, sehnte sie sich nach einem tieferen Sinn in ihrem Leben. Jeden Tag fuhr sie auf der Autobahn zur Arbeit, bemerkte aber nie die riesige Werbetafel mit der Aufschrift »Friedenskorps – ein inspirierendes Leben«.

Die Quelle sendet ständig Signale und Hinweise (manchmal auch auf Werbetafeln), die den meisten Menschen jedoch nicht auffallen. Sogar die subtilsten Zeichen werden sichtbar, wenn du deine Wahrnehmung schärfst. Dass du dieses Buch liest, ist ein Hinweis darauf, dass du dein

Bewusstsein bereits erhöht hast, neugierig bist und mehr wissen willst. Das ist ein guter Anfang!

Was bedeutet es, das Bewusstsein zu erhöhen? Es bedeutet, den Geist zu öffnen, die Möglichkeit zu akzeptieren, dass es mehr gibt als das, was wir sehen, und daran zu glauben, dass wir immer geliebt und unterstützt werden und dass jemand auf uns aufpasst. Damit du von allen Informationen in diesem Kapitel profitierst, solltest du mit mir zu der Erkenntnis kommen, dass wir nie allein sind.

Geistführer

Geistführer sind Lichtarbeiter der dritten Ebene. Sie lehren, unterstützen und beschützen uns. Mit unserer Geburt stehen sie uns bis zu unserem Tod zur Seite. Während wir heranwachsen und uns weiterentwickeln, verändern sich auch unsere Geistführer, dennoch arbeiten zu jeder Zeit einer oder mehrere von ihnen bei folgenden Lebensthemen mit uns:

- kreative Fähigkeiten
- spiritueller Fortschritt
- Beruf oder Geschäft
- Gesundheit, medizinische Probleme oder Heilung
- Beziehungen.

Jeder Geistführer stellt dir für die einzelnen Phasen deines Lebens seine besonderen Kenntnisse zur Verfügung. So wie es zum Beispiel einem Kindergartenkind im Klassenzimmer eines Gymnasiallehrers nicht gut gehen würde, würdest auch du nicht von einem Geistführer profitieren, der dich auf einem Niveau unterrichtet, das du noch nicht verstehen kannst. Geistführer stehen an unserer Seite wie ein Lehrer neben seinem Schüler, und wenn wir unsere Lebenslektionen meistern und spirituell vorankommen, dann erhalten wir neue Führer. Diejenigen, die ihre Lektionen nicht lernen und spirituell stagnieren, behalten vielleicht ein Leben lang dieselben spirituellen Führer. Ich werde oft gefragt, wie man die Stimme eines Geistführers von der eigenen unterscheiden kann. Das ist eigentlich sehr einfach: Die Stimme des Geistführers ist immer liebevoll und unterstützend, bietet Erkenntnisse, warnt und führt auf sanfte Weise. Er beflügelt dich und bestärkt dich in deinen Entscheidungen.

Wenn du eine Stimme hörst, die dir einredet, dass du nie Erfolg haben wirst oder dass du nicht gut genug bist, dann spricht dein Ego. Es wird mit seiner misstrauischen Natur immer versuchen, dich zu verunsichern und von deinen Zielen abzubringen. Es ist nicht an deinem Wachstum, sondern nur an deinem puren Überleben interessiert. Geistführer sind niemals kritisch, erniedrigen oder verunsichern dich nicht. Sie würden dir keinesfalls einreden, dir selbst oder anderen zu schaden.

Mach dir den Unterschied zwischen diesen beiden Stimmen bewusst. So kannst du dein Bewusstsein erweitern und leichter erkennen, was deine Geistführer dir mitzuteilen versuchen.

Deine Geistführer bewusst wahrnehmen

Wenn manche meiner Klienten ihre Geistführer beschreiben, dann klingt das so, als ob sie von einem indigenen Medizinmann oder einem ägyptischen Pharao sprechen. Mir kommt es komisch vor, dass keiner je einen Geistführer namens Tony erwähnt, der eine Pizzeria in Newark, New Jersey, besaß, oder vielleicht den früheren Lastwagenfahrer Ralph. Was könnte ein derart »normaler« Geistführer schon für uns tun? Die Wahrheit ist, dass »gewöhnliche« Menschen uns eine Menge zu bieten haben, je nachdem, worum es gerade geht.

Um dir entgegenzukommen, erscheinen Geistführer jedoch normalerweise in einer Gestalt, mit der du dich identifizieren kannst oder die etwas mit dir zu hat. Wenn du also eine vorgefasste Vorstellung davon hast, wie ein Geistführer aussehen sollte, dann wird er sein Bestes tun, um sich dieser Erwartung anzupassen, denn er will dein Vertrauen erlangen. Das Aussehen deines Geistführers sollte dich aber nicht darüber hinwegtäuschen, dass sie keine physischen Körper mehr haben und daher wählen können, wie sie aussehen wollen. Deshalb sind sie nicht weniger aufrichtig! Dein Geistführer kann in jeder beliebigen Form erscheinen, solange du davon überzeugt bist, dass nur ein Wesen in dieser oder jener Form dir etwas beibringen kann. Die Lektionen deines Geistführers können alle nur denkbaren Themen berühren. Die Voraussetzungen für die Auswahl hast du mit deinem Karma geschaffen. Geistführer müssen nicht zwangsläufig hoch entwickelte Wesen sein, die durch dich den Sinn des Lebens channeln. Auch Geistführer sind Schüler und unterwegs auf ihrer Seelenreise, genauso wie du. Ihre Aufgabe ist es, uns zu führen; dabei lernen wir von ihnen. Auch wenn die uns zugeteilten Geistführer keine allwissenden, allmächtigen Wesen sind, ihr Entwicklungsstand ist zweifellos höher als der ihrer Schüler.

Mach dich so weit wie möglich mit deinen Geistführern vertraut. Lerne sie und ihre Namen kennen. Je deutlicher du ihre Stimmen und ihre Persönlichkeit wahrnimmst, desto mehr erfährst du über ihre Identität und Herkunft. Vielleicht ist dein Geistführer ein geliebter Verstorbener, nach dem du möglicherweise sogar benannt wurdest, oder ein Ahne, der auf der Erde ähnliche Erfahrungen gesammelt hat wie du. Diese Wesen haben Erfahrung mit den Themen, die dich gerade beschäftigen. Deshalb können sie dir helfen, nicht dieselben Fehler zu machen wie sie. Weil sie helfen, können sie vielleicht damit ihr eigenes Karma verbessern, denn diese Beziehungen beruhen immer auf Gegenseitigkeit.

Auch ein Tier könnte dein Geistführer sein. In einigen Kulturen gibt es Tierführer oder Totems. Sie sind wohl eher Begleiter als Lehrer, obwohl auch von diesen Wesen starke Energien, Wissen und Führung kommen können. Unabhängig davon, wer deine Geistführer sind: Mach dir bewusst, dass sie da sind, nimm die Zeichen war, die sie dir im Alltag senden; so kannst du deine kognitiven Fähigkeiten erweitern.

Führung durch Engel

Wir erhalten auch Botschaften von Engeln und sollten sie uns bewusst machen. Mein Freund und Kollege Eddie Mullins kann das bezeugen. Als er eines Nachts auf einer Autobahn fuhr, hörte er plötzlich einen Engel, der ihn warnte, *sofort* die Spur zu wechseln. Er tat es, und Millisekunden später kippte hinter ihm ein Sattelschlepper, der auf die Autobahn auffuhr, zur Seite und landete auf der Spur, auf der Eddie eben noch gefahren war. Seit dieser Begegnung bittet Eddie regelmäßig um Führung, Heilung und Schulung durch die Engel. Heute leitet er Engelworkshops, ist ein begnadetes Engelmedium und ein beliebter Radiomoderator auf SoulsJourneyRadio.com. Eddie sagt über diese hoch schwingenden Wesen:

»Wenn wir an Engel denken, an diese Wesen aus Licht und Liebe, die direkt vom Schöpfer gesandt werden, empfinden wir sofort Wärme und bedingungslose Liebe. Es ist die Hauptaufgabe der Engel, uns Botschaften der Liebe, des Friedens und der Harmonie direkt vom Schöpfer zu überbringen. Sie gleichen einer Erweiterung des Schöpfers und umgeben uns 24/7, um zu heilen, uns zu helfen und uns daran zu erinnern, wer wir sind. Das geschieht, damit wir hier auf der Erdenebene unsere Lebensaufgabe erfüllen können. Engel sind ohne Ego und lieben alle Wesen. Weil ihre Liebe rein und bedingungslos ist, sind sie immer bereit und willens, allen Bedürftigen zu helfen. Sie möchten aber, dass wir sie um Hilfe bitten. Denn wegen unseres freien Willens dürfen Engel uns nur helfen, wenn wir sie dazu einladen, es sei denn, wir befinden uns in einer lebensbedrohlichen Situation, obwohl unsere Zeit noch nicht gekommen ist. Es gibt viele Arten von Engeln, aber am meisten arbeiten wir mit den Schutzengeln und den Erzengeln. Unsere Schutzengel werden uns bei der Geburt zugewiesen und bleiben bei uns, bis wir in die geistige Welt zurückkehren. Jeder hat mindestens vier Schutzengel. Manchen Menschen steht eine größere Zahl von Schutzengeln zur Seite, weil sie (oder jemand, der ihnen nahesteht) eine größere Zahl erbeten haben – vielleicht für ihre Gesundheit und Heilung oder im Zusammenhang mit anderen wichtigen Themen, die in ihrem Leben eine Rolle spielen. Schutzengel unterstützen uns auf allen Ebenen, ermutigen und beschützen uns. Die Erzengel sind größer und mächtiger als die übrigen Engel. Sie sind wie Abteilungsleiter, die alle Schutzengel und das gesamte Engelsreich beaufsichtigen. Es gibt Tausende von Erzengeln, aber nur fünfzehn bis zwanzig arbeiten eng mit uns auf der Erde zusammen. Weil sie sehr mächtige Wesen sind, die starke Heil- und Lehrkräfte besitzen, treten jetzt immer mehr Erzengel vor, um mit uns zu arbeiten. Alle Erzengel haben sehr individuelle, für sie typische Fähigkeiten, und wenn wir es wünschen, erhalten wir Unterstützung durch denjenigen, der sich mit unserem gegenwärtigen Thema am besten auskennt.«

Oftmals tauchen Engel in einer Gestalt auf, wie wir sie nicht erwarten. Zum Beispiel hat meine Mutter vor langer Zeit ein Reading für eine Frau durchgeführt, die ihr dafür eine Silbermünze überreichte. Als meine Mutter die Münze in der Hand hielt, überkam sie ein Gefühl des drohenden Untergangs. Es folgten Bauchschmerzen, intensive Angstgefühle und Furcht vor dem Tod.

»Diese Münze birgt den Tod«, sagte meine Mutter zu der Frau, die ihr antwortete, sie solle die Münze weglegen und sich die Hände waschen, dann würde sie ihr etwas darüber erzählen. Als meine Mutter zurückkam, erzählte die Frau die folgende erstaunliche Geschichte: Vor vielen Jahren spielte der damals sechsjährige Sohn der Frau im Vorgarten, während sie in der Küche stand. Als der Ball des Jungen auf die Straße rollte, rannte er los, um ihn zu holen, ohne auf den Verkehr zu achten. Die Frau hörte kreischende Bremsen und rannte hinaus. Dort sah sie, dass ein Milchwagen ihren Sohn angefahren hatte. Der Junge blutete stark, und seine

Verletzungen schienen lebensbedrohlich zu sein. Jemand rief einen Krankenwagen, und sofort versammelte sich eine Menschenmenge um den Unfallort. Als die Mutter neben ihrem Sohn kniete, erschien plötzlich neben ihnen ein streng wirkender Mann in einem schwarzen Anzug. Er beugte sich vor und reichte dem Jungen die Silbermünze.

»Drück diese Münze, wenn es wehtut«, sagte er zu ihm. Niemand beachtete den Mann, der schnell wieder in der Menge verschwand.

Der Junge hielt die Münze auf dem ganzen Weg zum Krankenhaus in der Hand. Bevor er in den Operationssaal durfte, mussten ihm die Krankenschwestern die Finger aufbiegen und ihm die Münze abnehmen. Die Mutter saß an seinem Bett und betete, dass er es schaffen möge. Der Junge überlebte und erholte sich vollständig. Die Münze, die der Fremde dem Jungen in die Hand gelegt hatte, war die Münze, die die Frau meiner Mutter gab.

»Wer war dieser Mann?«, wollte die Frau nun von meiner Mutter wissen. »Er verschwand, und niemand hat ihn seitdem gesehen.«

»Der mysteriöse Mann im schwarzen Anzug war der Schutzengel Ihres Sohnes«, erklärte meine Mutter. »Er manifestierte sich in physischer Form, als Ihr Sohn ihn brauchte, damit er eingriff und sein Leben rettete. Alle Energien des Schmerzes, der Angst und des Todes, die in Ihrem Sohn steckten, wurden in diese Münze gedrückt, und sein Leben wurde verschont.« Wie diese Geschichte deutlich zeigt, sind wir nie allein, denn unsere Schutzengel sind immer in der Nähe und geben Schutz, Führung und bedingungslose Liebe.

Mit den Geistführern arbeiten

Um unsere Lichtenergie so weit wie möglich auszudehnen, sollten wir uns in der Zusammenarbeit mit unseren Geistführern darauf einigen, ein Team zu bilden. Geistführer zu haben, heißt nicht, den eigenen freien Willen aufzu geben.

Unsere Geistführer sind hier, um uns zu führen, nicht um uns zu beherrschen oder uns vorzuschreiben, was wir tun sollen. Wir können mit ihnen in Kontakt treten und sie um Führung und Hilfe bitten. Zu diesem Zweck stehen uns drei Methoden zur Verfügung: das Beobachten und Achten auf Zeichen, die Meditation und der Traum.

Beobachten und Achten auf Zeichen

Sich seiner Umgebung bewusst zu sein, damit man Zeichen als solche erkennen kann, ist ein sehr wichtiger Weg, um Botschaften von seinen Führern zu erhalten. Diese Mitteilungen kommen nicht immer tiefgründig oder blitzschnell daher. Meist sind es subtile, sanfte Stupser, die dir die richtige Richtung weisen.

Nachfolgend ein paar Beispiele: ein Lied im Radio, das ein bestimmtes Gefühl oder eine Erinnerung in dir weckt, ein zufälliges Treffen mit einem alten Freund, das man nicht erwartet hat, etwas, das du bei einem Gespräch zwischen dir unbekannten Leuten aufgeschnappt hast, ein bestimmter Satz in einem Buch, das deutliche Gefühl, dass man etwas lieber lassen sollte.

Sie alle können Botschaften eines Geistführers sein. Achte auf diese Zeichen und Signale, und du wirst feststellen, dass diese subtilen Mitteilungen viele potenzielle Konflikte verhindern können.

Meditation

Während einer Meditation kannst du gezielt Kontakt mit deinen Geistführern aufnehmen. In diesem Zustand jenseits des Denkens und Fühlens ist es dir möglich, deine Schwingungen bewusst über die Erdenebene auf die Astralebene oder noch höher anzuheben und deine Führer zu sehen und zu hören. Aber erwarte bitte nicht, dass diese Kommunikation auf irgendeine besonders dramatische Weise stattfindet. Das geschieht nur sehr selten. Die Kommunikation könnte äußerst subtil sein, etwa ein einzelnes Wort oder ein Satz, der aus der Tiefe deines Kopfes auftaucht und in deinem Inneren schwingt. Oder du empfängst ein einzelnes Bild. Lerne, deinen Verstand zur Ruhe zu bringen und während der Meditation der Stille zuzuhören.

Traum

Wenn du schläfst, ist es deinem Astralkörper erlaubt, den physischen Körper zu verlassen und durch die verschiedenen Reiche und Dimensionen zu reisen. Du kannst so weit gehen, wie du willst, ohne dich zu verirren, denn du bist durch ein Silberband, das dich immer sicher und wohlbehalten zurückbringt, mit deinem Körper verbunden. Astralreisen im Schlaf sind etwas Normales. Wir alle unternehmen sie, ob wir uns dessen bewusst sind oder nicht. Menschen nutzen Astralreisen, um auf ihrer Suche nach den verschiedensten Dingen zu den einzelnen Ebenen der Existenz zu reisen.

Du kannst dich mit deinen Geistführern treffen, verstorbene geliebte Menschen aufsuchen oder sogar mit anderen Menschen aus der Erdenebene, die ebenfalls in der Astralebene unterwegs sind, zusammentreffen. Du wirst deine Geistführer im Traum sofort erkennen, weil du sie schon einmal getroffen und dich mit ihnen beraten hast, auch wenn du dich nicht bewusst daran erinnerst. Oftmals ist das Wissen darüber tief in deinem Unterbewusstsein gespeichert, um später, wenn die Informationen für dich nützlich sind, darauf zugreifen zu können.

Führe ein Traumtagebuch, damit du deine Erfahrungen während deiner Träume aufzeichnen kannst. Selbst wenn du nicht verstehst, was die Träume aktuell bedeuten, zu einem späteren Zeitpunkt können sie vielleicht wertvolle Hinweise geben. Schreib deshalb alles auf, an das du dich erinnern kannst. Leg Papier und einen Stift auf deinen Nachttisch und mache dir unmittelbar nach dem Erwachen Notizen, noch bevor es entschwindet.

Die Schichten von Botschaften

Besonders wichtige Signale folgen manchmal unmittelbar aufeinander, und sie können viele und reiche Bedeutungsschichten aufweisen. Schau sie dir genau an, denn jede einzelne Schicht kann manchmal weitere Führung enthalten.

Ein gutes Beispiel dafür ist ein Erlebnis, das ich vor nicht allzu langer Zeit hatte. Ich musste mit meinem Ex-Mann ein Unterhaltsproblem lösen und zog deshalb vor Gericht. Als sein Anwalt mich befragte, stellte er zunächst einige

Routinefragen, und dann fing er plötzlich an, das Vorwort dieses Buches, das bereits online verfügbar war, vorzulesen. Er fragte mich, ob mir der Text bekannt vorkäme, und ich antwortete: »Ja! Sie lesen aus meinem Buch!« Dann fragte er mich, ob ich Lichtarbeiterin sei, was ich bestätigte. Ich war zu stolz, um zu sagen, dass ich schon vielen Menschen geholfen hatte. Als er weiterlas, konnte ich spüren, wie sich Lichtenergie im Raum ausbreitete, obwohl ich vermutete, dass er mich im Grunde als Verrückte vorführen wollte. Dann hörte er auf, zu lesen, und fragte mich, ob ich meinte, auf der Erde inkarniert zu sein. Ich antwortete: »Ja, natürlich! Das sind wir alle.« Der Richter lächelte nur, die Befragung des Anwaltes war verpufft und die Verhandlung ging weiter.

Ich hätte wütend sein können, weil der Anwalt meine Überzeugungen verspottete, aber indem ich mir bewusst blieb, was wirklich geschah, konnte ich sehen, dass er ein göttlicher Bote war. Er schickte mir eine Botschaft aus dem Universum, um mich daran zu erinnern, wer ich bin, und an die enorme Unterstützung, die mir jederzeit zur Verfügung steht.

In der folgenden Woche war ich auf dem Weg zu meinem Anwalt und wollte gerade auf den Parkplatz fahren. Plötzlich flog ein riesiger Falke mit einer schwarzen Ratte in seinen Klauen vom Straßenrand auf und kollidierte mit meinem Wagen! Er ließ die Ratte auf die Straße fallen und flog weiter. Obwohl er ziemlich hart auf der Ecke des Daches und auf die Windschutzscheibe aufgeprallt war, zerbrach das Glas nicht. Es war ein so ergreifendes Erlebnis, dass ich sofort wusste: Das Ereignis muss eine Botschaft sein. Ich nahm es als Zeichen dafür, dass mein Leben die Ratte, meinen Ex-Mann, abwerfen würde. Aber dann schaute ich tiefer und erhielt weitere Hinweise. Ein Freund machte mich darauf aufmerksam, dass der Falke ein mächtiges indianisches Totemtier ist, was man an sich schon als Zeichen dafür deuten kann, dass die Botschaft von ganz oben kommen muss. Vögel können Fahrzeugen normalerweise ausweichen, aber in diesem Fall hatte der Falke das Gewicht der Ratte unterschätzt. Diese Erkenntnis machte mir eine weitere Botschaft zugänglich: Um Hindernisse sicher zu überwinden, muss ich zuerst die toten Dinge in meinem Leben loslassen.

Dann beschäftigte ich mich mit der Stelle meines Autos, wo Dach und Windschutzscheibe aneinanderstoßen und auf die der Falke aufgeschlagen war. Das Dach symbolisiert für mich die höchste Ebene, also musste die Botschaft eine starke spirituelle Bedeutung haben. Und die Windschutzscheibe ist das, wodurch man auf die Straße sieht, also hatte die Botschaft mit klarer Sicht zu tun. Jedes Mal, wenn ich eine weitere Schicht der Botschaft abschälte, bekam ich Gänsehaut!

Es stellte sich heraus, dass die Botschaft mir genau das übermittelte, was ich zu diesem Zeitpunkt wissen musste.

Egal wie die Zeichen und Mitteilungen deiner Geistführer eintreffen, sie werden umso verständlicher, je mehr du dich bewusst mit ihnen auseinandersetzt und je genauer du auf sie achtest. Machst du dir die Gegenwart von Geistführern und Engeln nicht bewusst, dann navigierst du wie mit verbundenen Augen auf einem Hindernisparcours durch dein Leben. Glücklicherweise spricht das Universum die ganze Zeit zu dir und versucht, auf Millionen verschiedene Arten deine Aufmerksamkeit zu erregen. Du musst nur bewusst und offenbleiben, um diese göttliche Führung zu empfangen. Mehr wird von dir nicht verlangt!

Kapitel 8:

Empathie – Spieglein, Spieglein an der Wand

Wenn es Probleme gab, dann war Susan für alle ihre Freunde Ansprechpartnerin. Stand bei einer Freundin eine Trennung an, dann war Susan die Erste, die um Rat gefragt wurde. Gab es Krach in ihrer Familie, dann war sie diejenige, von der die anderen das Glätten der Wogen erwarteten. Sie war es auch, die immer wieder neue Mitarbeiter ausbildete, obwohl das eigentlich gar nicht zu ihren Aufgaben gehörte. Susan war bescheiden, und wenn jemand sie lobte, dann lobte sie ihn umgekehrt noch mehr. Sie hatte eine starke Verbindung zu Tieren, und sie kamen immer zu ihr, kratzten sogar an ihrer Haustür, wenn sie sich verlaufen hatten. Sie schaute nicht viel fern und fühlte sich von Zeitungsmeldungen heruntergezogen, sodass sie weder in der Politik noch im Weltgeschehen auf dem Laufenden war. Sie war eine geborene Dichterin, und ihre Worte berührten die Menschen tief im Inneren. Ihre kreative Gabe half ihr bei den Depressionen, unter denen sie häufig litt. Susan hatte Schwierigkeiten damit, ihr Gewicht zu halten, und wenn wieder einmal wie aus dem Nichts Wellen tiefer Traurigkeit über sie hereinbrachen, bekämpfte sie sie mit Essen. Es gab Tage, an denen sie nicht einmal das Bett verlassen konnte. Es fiel ihr schwer, die Höhen und Tiefen ihrer Stimmungen zu bewältigen, und sie fragte sich, warum sie so viel Kummer erleiden musste.

Empathie ist die Fähigkeit, die Emotionen anderer Menschen zu spüren und zu verstehen; empathische Menschen stellen sich sehr schnell auf die Emotionen anderer ein und spiegeln sie unbewusst. Sie sind nicht nur sensibel für die Energien anderer Leute, sondern erkennen deren Gefühlszustand sogar an ihrer Stimme. Viele Lichtarbeiter besitzen ein starkes Einfühlungsvermögen nicht nur gegenüber anderen Menschen, sondern auch gegenüber Tieren, Pflanzen oder allem, was ein Energiefeld hat. Sie haben die Fähigkeit, das Energiefeld eines Mitmenschen nach Gedanken, Gefühlen und Erfahrungen – aus der Vergangenheit, Gegenwart und Zukunft – zu durchsuchen und entsprechend darauf zu reagieren. Sie entdecken sogar Emotionen, die tief unter der Oberfläche vergraben sind und die selbst die betroffene Person nicht kennt oder versteht. Durch die mitfühlenden Worte der Lichtarbeiter fühlen sich andere getröstet und wieder wohler.

Die wenigsten Lichtarbeiter wissen, wie dieser Prozess tatsächlich abläuft, und leiden vielleicht sogar unter der starken Verbindung mit ihren Mitmenschen und der kollektiven Energie der Erde. Lichtarbeiter, die sich ganz auf ihre empathische Gabe verlassen, kommen aus der vierten Ebene. Diese sensiblen Wesen reagieren intensiv auf Bilder und Klänge und haben ein Auge für Schönheit. Sie sind sehr kreativ und können produktive Schriftsteller oder Künstler mit viel Fantasie sein. Zahlreiche einfühlsame Lichtarbeiter der vierten Ebene arbeiten durch ihre Musik oder ihre Schriften für den Weltfrieden; John Lennon und Bob Marley sind großartige Beispiele dafür. Empathische Menschen streben nach Frieden und Harmonie für die ganze Menschheit; ihnen ist wichtiger, was um sie herum los ist, als dass sie auf sich selbst achten. Sie sehnen sich nach einer Welt des Friedens und der Harmonie, denn das würde ihnen den tiefen inneren Frieden bringen, den sie anderen geben möchten.

Lichtarbeiter der vierten Ebene oder der Ebenen darüber sind so sensibel, dass sie selbst das winzigste emotionale Signal anderer Menschen auffangen. Schon eine kleine Geste, der Tonfall oder eine leichte Veränderung in der Haltung einer Person sind für empathische Lichtarbeiter eindeutige Hinweise auf deren emotionalen Zustand. Instinktiv wissen sie genau, wie sie darauf reagieren müssen, damit sich der andere entspannt und sich verstanden fühlt. Diese Gabe wirkt auf andere Menschen regelrecht magnetisch; sie fühlen sich zu einem Lichtarbeiter hingezogen, weil sie in ihm ein Spiegelbild ihrer selbst sehen.

Hast du ausgeprägte empathische Fähigkeiten?

Prüfe, wie viele Punkte der folgenden Liste auf dich zutreffen:

- Fremde kommen oft auf dich zu und bitten dich um Hilfe (fragen nach dem Weg, der Zeit etc.).
- Du freundest dich schnell mit Unbekannten an oder hilfst neu Hinzugekommenen wie etwa Kollegen oder Vereinsmitgliedern.
- Freunde und Familie kommen mit ihren Problemen immer zu dir.
- Tiere fühlen sich zu dir hingezogen.
- Komplimente bringen dich in Verlegenheit oder du fühlst dich unbehaglich.
- Du meditierst intensiver mit Musik oder findest Musikhören sehr beruhigend.

- Die Leute sagen, du hast ein freundliches Gesicht.
- Die Leute sagen, dass du ein guter Zuhörer bist.
- Du hast eine heilende Wirkung auf andere.
- Du bist telepathisch begabt.

Empathie kann sich auch negativ auswirken, wenn du nicht darauf achtest, was dabei mit dir geschieht. Mögliche Folgen sind zum Beispiel:

- Du hast körperliche Schmerzen oder es geht dir schlecht, wenn du hörst oder siehst, dass jemand verletzt ist oder ihm geschadet wird (besonders spürbar im Wurzelchakra oder Solarplexuschakra).
- Du bist anfällig für plötzlich auftretende Depressionen.
- Du setzt Kummerspeck an, weil du zu viel isst, wenn du traurig bist. Du kannst dieses Essverhalten nicht kontrollieren.
- Du verhältst dich auffällig oder bist süchtig, um Depressionen, Ängste oder Ärger zu lindern.
- Du bist bipolar/manisch-depressiv.
- Du hast Magen- oder Verdauungsprobleme.
- Dich quälen deine extremen Stimmungsschwankungen oder Wutausbrüche.
- Du leidest unter chronischer Müdigkeit, Energiemangel oder Erschöpfung.
- Du bist misstrauisch oder fühlst dich verfolgt.

Ohne bewusste Wahrnehmung kann es für empathische Menschen geradezu quälend sein, die Gefühle anderer und die emotionale Last der Gemeinschaft derart intensiv wahrzunehmen. Dies kann zu Angstzuständen, Depressionen oder anderen, äußerst belastenden Störungen führen.

Die Auswirkungen spüren

Viele empathische Menschen spüren am eigenen Leib die Auswirkungen von Naturkatastrophen oder tragischer globaler Ereignisse. Ohne ersichtlichen Grund werden sie von Gefühlen überwältigt, die nichts mit ihrem eigenen Leben zu tun haben und die sie wie in einem aufgewühlten Meer aus Emotionen hin- und herschleudern. Sie fühlen sich, als ob die Welt auf sie einstürze. Da ist es nur verständlich, dass sie sich fragen, warum sie so viel Leid und Schmerz aushalten müssen. Denn es kann die Hölle sein, die Last der ganzen Erde zu tragen oder wie ein energetischer Schwamm all das Elend aufzusaugen. Hoffnungslosigkeit und Verzweiflung gehen damit Hand in Hand.

Erleichterung finden

Innere Entlastung finden empathische Menschen bei der Beschäftigung mit Malerei oder Musik, denn sie sind kreative Seelen der vierten Ebene und gehen auf einer tiefen Seelenebene in Resonanz mit allem Schönen. Jede der folgenden Aktivitäten kann ihnen dabei helfen, die Gefühle anderer Menschen wieder loszulassen.

- Schreiben
- Malen
- Singen
- Tanzen
- Bildhauerei
- Blumen arrangieren
- Arbeiten mit Ton

- Jede Aktivität mit den Händen
- Schönheit in jeder Hinsicht schaffen.

Vor allem der letzte Punkt ist ein wichtiger Teil ihrer Aufgabe, und wenn dies nicht möglich ist, wird die Energie der empathischen Lichtarbeiter blockiert. Die blockierte Energie ist eine der Hauptursachen für die bereits angesprochenen emotionalen Zusammenbrüche. Kreatives Schaffen führt diese Lichtarbeiter jedoch zum Ursprung ihrer Seele zurück, zu Schönheit und künstlerischem Ausdruck. Die von ihnen aufgenommenen Emotionen müssen irgendwie freigesetzt werden, und jede Form von Kreativität ist ein wunderbarer Weg dorthin.

Empathische Lichtarbeiter sind hier, um die Erde zu heilen, aber wenn ihre eigene Energie nicht erhalten wird beziehungsweise gesund bleibt, dann wird es für sie schwierig, ihre Ziele auf der Erde zu erreichen. Sie sind außerdem Heiler und nutzen dafür ihre Lichtenergie. Der sanfte Fluss ihrer Energie gibt ihnen ein Gefühl der Zufriedenheit und Lebenskraft.

Kapitel 9:

Glaube versetzt Berge

Ein sehr wichtiger Aspekt der Lichtarbeit ist die Kraft des Glaubens. Die tiefe Überzeugung, dass das Mystische überall um uns herum existiert, öffnet den Geist für die Informationen der Quelle und lässt sie ungehindert fließen, ohne sie durch vorgefasste Meinungen zu blockieren. Ich hatte das Glück, in einer Umgebung aufzuwachsen, die diesen Glauben unterstützt – nicht nur zu Hause, sondern auch in der Stadt, in der ich lebte. Das Universum schien mich liebevoll dorthin geschickt zu haben, weil dort das Wissen, dass alles möglich ist, noch verstärkt wurde.

Ich habe nie daran gedacht, jemals meine Geschichte zu erzählen. Meine Mutter meinte sogar, dass die meisten meine Botschaft für unglaubwürdig halten würden, aber genau das ist das Thema dieses Kapitels: an das zu glauben, was unglaublich erscheint. Ich fange am besten mit meinem Familiennamen an, der aus einem malerischen Dorf in Italien stammt und bis ins späte 18. Jahrhundert zurückverfolgt werden kann. Die Vorstellung eines Mediums, dessen Familienname »Licht« bedeutet, kommt mir ein wenig übertrieben und weltfremd vor, aber wer bin ich, um das Unglaubliche infrage zu stellen? Mein ganzes Leben spielt sich in diesem Reich ab.

Ich stamme aus einer langen Linie von bedeutenden weiblichen Medien und Hellsichtigen. Wir bilden die Äste eines Stammbaums, der meine liebe Urgroßmutter einschließt, die mit Nachnamen »LaLumia« hieß, ausgesprochen *la-lu-me-a*, was »Licht« bedeutet.

Meine Großmutter Grace, die Mystikerin, die mir Zwiebeln in die Strümpfe steckte, um böse Geister und andere Wesen fernzuhalten, glaubte an die alten Gesänge, an Kerzen und Flüche und ehrte den Nachnamen ihrer Mutter, den sie als eine Art Visitenkarte betrachtete. Während meiner gesamten Kindheit haben mir die Frauen meiner Familie die Wichtigkeit unseres Namensgebers (Licht) und seine Bedeutung eingetrichtert. Das Geschenk, diesen Namen zu tragen, bedeutete, dass wir hier waren, um alles Geheimnisvolle mit anderen zu teilen und ihnen das zu erläutern, was sie als »das Übernatürliche« bezeichneten. Für uns war das Mysterium der geistigen Welt weder seltsam noch erschreckend, sondern ganz natürlich und leicht zu erklären.

Schon als Kind sprach meine Mutter ständig mit mir über das »weiße Licht«. Oft sagte sie: »Sahvanna, umgib dich immer mit dem weißen Licht.« Sie sagte es jedes Mal, wenn ich zum Spielen nach draußen ging.

Sie lehrte mich, dass das weiße Licht die höchste Form des Schutzes, des Wissens und der Macht und durch nichts und niemand aufzuhalten sei. Ich habe diese Einschätzung nie infrage gestellt. Im Alter von etwa zehn Jahren hörte ich nachts Stimmen, die im Raum schwebten, mich aber nicht verfolgten. Mein Körper fing an, zu vibrieren, als die Seelen versuchten, in ihn einzudringen, und ich brauchte einige Zeit, bis ich lernte, sie in Schranken zu weisen. »Lasst mich in Ruhe«, sagte ich zu ihnen. »Geht weg! Ich umgebe mich mit dem weißen Licht, ich umgebe mich mit dem weißen Licht«, sagte ich vor dem Einschlafen. Das Licht ist ein Teil von mir, so wie mein Blut, meine Knochen und mein eigener Geist.

Wie alles begann

Meine Mutter Marilyne war ein recht sensibles Kind, das den Engeln vertraute und mit ihnen kommunizierte, um von ihnen Wissen und Orientierung zu erhalten. Sie war für ihr Alter immer außergewöhnlich weit; bis heute ist sie eine eifrige Leserin. Jeden Sonntag freute sie sich auf den Comicteil der Wochenzeitung, aber an einem bestimmten Sonntag machte sie eine besondere Entdeckung. Mit sieben oder acht Jahren las sie einen Artikel über Telepathie und war seither neugierig auf die geistigen Kräfte. Sie wollte ausprobieren, was sie gelesen hatte, und hatte auch eine gute Idee: Etwa ein Jahr vorher war ihr geliebter Hund Girl nach der Geburt ihrer Welpen verschwunden. Ihr Vater hatte Girl weggegeben, weil er genug von ihren dauernden Schwangerschaften hatte. Marilyne jedoch konnte die Hündin nicht vergessen und träumte von dem Tag, an dem sie wieder vereint sein würden. Schon am nächsten Tag rief sie Girl wiederholt in Gedanken, schloss die Augen und schrie dabei innerlich, so laut sie konnte.

Am dritten Tag spielte sie draußen im Vorgarten. Plötzlich sah sie etwas, das auf wundersame Weise ihr Hund zu sein schien. Er rannte ihr von der Straße aus entgegen, doch sein Zustand war erbärmlich. Mager, schmutzig und mit einer gerissenen Kette um den Hals stand Girl vor ihr und sah sie an, als wüsste sie, dass sie durch Marilynes Gedanken gerufen worden war. Die gerissene Kette war ein Beweis dafür, dass sie sie aus der Ferne gehört hatte. Leider verjagte ihr Vater den armen Hund, und er kam nie mehr zurück. Marilyne verlor Girl erneut, aber sie hatte etwas Neues über universelle Verbindungen herausgefunden, das sie später an ihre Kinder weitergab.

Meine Mutter schien sich nicht besonders für die metaphysische Welt zu begeistern. Meine Großmutter Grace war alleine als Geisterjägerin aktiv und sehr darauf bedacht, dass nichts Böses über sie oder ihre Familie kam. Sie praktizierte die alte Methode, Menschen, die anderen Unrecht zufügten, mit Flüchen zu belegen, und zelebrierte Heilungsrituale, um böse Geister, die einen krank machten, zu vertreiben.

Wenn jemand Kopfschmerzen hatte, stellte Grace eine Schüssel mit Öl und Wasser auf seinen Kopf. Sie glaubte, dass die Geister den Kopf angriffen, weil jemand ein Kompliment gemacht hatte. »Die Geister sind eifersüchtig und bringen deinen Kopf zum Pochen«, flüsterte sie.

Während Grace ihre Beschwörungen sprach, schlug sie mehrfach das Kreuzzeichen über der Schüssel. Wenn sie zwei Augen (zwei Kreise aus Öl) im Wasser entdeckte, bedeutete das, dass ein Magier den bösen Blick auf einen gerichtet hatte. Die einzige Lösung war dann natürlich, ein rotes Band und ein Horn um den Hals zu tragen, damit der böse Blick wieder verschwand. Gebete für die Befreiung von bösen Geistern konnten nur um Mitternacht an Heiligabend gesprochen werden, wenn Grace für das Wohlbefinden ihrer gesamten Familie im kommenden Jahr betete. Großmutter Grace war überzeugt davon, dass sie lästige Übel wie etwa Erkältungen abwehren konnte. Bei Bronchitis trotzte sie der Schulmedizin, hielt einfach ein Trinkglas über die Lunge und schwenkte dann eine Kerze darunter hin und her. Weißer Rauch füllte das Glas, das sie dann umgekehrt auf die Brust stellte. Die Haut saugte es ein wenig an, aber Grace war sicher, dass es auch die Kälte aus der Brust zog.

Bei Fieber schnitt sie Kartoffeln und Zwiebeln in dicke Scheiben und steckte sie in Stümpfe, die man dann anziehen musste. »Das zieht die bösen Fiebergeister aus deinem Körper. Wenn die Zwiebeln gekocht sind, werden die Geister weg sein«, versprach sie. Als ich als Kind eine Nierenentzündung mit hohem Fieber hatte, gab mir meine Mutter Antibiotika. Meine Großmutter steckte mir zusätzlich Zwiebeln in die Socken, und ich roch eine Woche lang danach. Für uns war das alles normal. Im Haus meiner Großmutter gab es viele übernatürliche Phänomene.

Zu Weihnachten 1967 hatte meine Mutter ihrem Bruder Joey ein Ouija-Brett geschenkt. Er war noch ein Teenager und fasziniert von übernatürlichen Erscheinungen. Wenn seine große Schwester über Geister und Spukhäuser sprach, dann hörte er begeistert zu. Eines Tages beschlossen sie, das neue »Spielzeug« auszuprobieren. Sie saßen am Küchentisch, legten ihre Hände auf das Brett und warteten. Zu ihrem Entsetzen fing es an, sich zu bewegen. »Wer ist da?«, fragten sie. »Wer bist du?«

Die Planchette (ein Rollbrett mit einem Stift) kreiste immer schneller, und sie konnten kaum folgen. »Mein Name ist Achak.«

»Wo bist du?«, fragten sie, und ihnen wurde beinahe schwindelig, als die Planchette über das Brett flog.

»Ich bin hier.«

»Wo?«

»Hier, in der Küche mit euch«, erklärte der Geist und fügte hinzu, dass er indianischer Abstammung und im Alter von zwölf Jahren gestorben sei, als er am Fluss Wasser für seine Familie geholt habe. Er erzählte, wie er von einem schmalen Weg abgerutscht und in den Tod gestürzt sei. Sie wollten einen Beweis dafür, dass der Geist dieses Indianerjungen wirklich bei ihnen in der Küche war.

»Beweise, dass du hier bist, zeig es uns«, baten sie.

Daraufhin führte der sie zu bestimmten Dingen im Haus. »Geht zum Schrank, und ihr werdet drei Pennys und einen Büffelkopf-Nickel finden.« Joey lief zum Schrank, und natürlich fand er darin die angegebenen Münzen. Achak hatte noch eine andere Aufgabe für Joey und sagte ihm, er solle in das zweite Schlafzimmer am Ende des Flurs gehen, wo er unter dem Bett drei Tennisbälle und ein zerknülltes Stück Papier finden würde, auf dem stünde: »Aufsatz von Michelle« (meine damals zwölfjährige Cousine). Joey rannte den Flur hinunter, und meine Mutter folgte ihm dicht auf den Fersen. Als er unter das Bett kroch, fand er das zerknüllte Papier, faltete es auf und erkannte Michelles Schrift. Dann holte er vier Tennisbälle heraus.

»Aber du sagtest doch drei Tennisbälle!«, sagte Joey zu dem Geist. »Den habe ich nicht gesehen, der war zu weit unter dem Bett!«, schrieb Achak auf die Tafel. Das Spiel ging stundenlang weiter. Konnte es wirklich sein, dass der Geist eines indianischen Jungen bei ihnen in der Küche war?

Etwa sechs Monate vorher war Joey mit seinem Vater auf einer Baustelle gewesen und hatte dort einen kleinen Schädel ausgegraben. Es schien der Kopf eines etwa zehnjährigen Kindes zu sein. Vielleicht war es ein indigenes Grab, denn das Gebiet war früher im Besitz der Ureinwohner gewesen. Könnte das der Schädel von Achak sein? War es tatsächlich möglich, dass der im Keller verwahrte Schädel sich durch das Ouija-Brett zu Wort meldete? Joey und meiner Mutter kam diese Vorstellung etwas überzogen, aber irgendwie auch amüsant vor. Weil der Geist fröhlich und verspielt war, hatten sie keine Angst. Er scherzte mit ihnen und spielte ihnen stundenlang Streiche. Meine Mutter und Joey hatten so viel Spaß mit dem Geist, dass sie nicht aufhören wollten, ihm Fragen zu stellen – bis die Verspieltheit des Geistes endete. Plötzlich veränderte sich Achaks Tonfall und etwas Böses erfüllte den Raum. Der Geist begann, um Hilfe zu schreien. Immer wieder buchstabierte er auf der Tafel den Satz: »Ich leide, ich leide.«

»Was ist passiert? Was ist los?«, fragten die beiden.

»Gefahr, hier ist das Böse, und ich kann euch nicht beschützen«, warnte sie der Geist. Das Gelächter und die Spiele fanden ein jähes Ende, als dieser helle, kindliche Geist von einem dunklen Wesen angegriffen wurde. Plötzlich flog die Planchette aus ihren Händen, schoss über den Tisch und knallte an die Küchenwand. Meine Mutter erzählte mir, dass Joey das Brett mit nach draußen nahm, es in Stücke zerbrach und nichts mehr mit Ouija-Brettern zu tun haben wollte.

Etwas Böses und Dunkles blieb im Haus. Joey ertrank nur wenige Monate später im Alter von fünfzehn Jahren bei einem tragischen Unfall. Das war nur das erste von vielen tragischen Ereignissen, die sich in den fünfzig Jahren, in denen meine Familie dieses Haus besaß, ereigneten. Nach dem Tod meiner Großeltern wurde es an mich weitervererbt. Meine Familie blieb nicht lange dort. Es dauerte nur etwa ein Jahr, bis ich einen Zettel in unserem Briefkasten fand, auf dem stand: »Wenn Sie Ihr Haus verkaufen wollen, rufen Sie mich an.« Das Angebot weckte mein Interesse, und ich rief die angegebene Nummer an. Die Maklerin erklärte mir, dass sie einen Vertrag für ein Zweifamilienhaus in unserer Nähe abschließen wollte, doch das Geschäft scheiterte. Weil unser Haus sehr ähnlich aussah, überlegte sie, ob wir vielleicht an einem guten Angebot Interesse hätten. Ich sagte zu und verkaufte ihr das Haus. Eineinhalb Jahre später erfuhr ich, dass sie sich auf der dunklen Treppe im Flur, die zur Wohnung im Erdgeschoss führte, erhängt hatte. Es war eine schreckliche Nachricht, und ich dankte meinen Geistführern, dass sie uns so schnell aus diesem schwer belasteten Haus herausgeholt hatten.

Das Ouija-Brett im Schrank

In unserem eigenen Haus, in dem außer Mutter und mir auch mein Bruder und meine Schwester wohnten, setzte meine Mutter das Ouija-Brett für Readings ein, an denen immer mehr Freunde und Nachbarn teilnahmen, weil sie gehört hatten, dass Mutter mit dem Jenseits Kontakt aufnehmen konnte. Das Ouija-Brett war ein fester Bestandteil der Wohnung und wurde unauffällig neben dem Toaster aufbewahrt. Während meine Mutter mit dem Ouija-Brett arbeitete, bemerkte ich, dass ich die Botschaften der Geister in meinem Kopf hören konnte, bevor sie die Worte mit der Planchette buchstabierten, ein frühes Zeichen meines medialen Potenzials. Meine Mutter war erstaunlich schnell im automatischen Schreiben, und der Stift in ihrer Hand schien ein Eigenleben zu führen und die Wörter ohne Unterbrechungen zu Sätzen aneinanderzureihen. Wie ein kleiner übersinnlicher Schwamm saugte ich all dies auf und wurde in das Mystische eingeweiht, als ob das etwas ganz Normales sei. Im Alter von drei Jahren verband ich mich zum ersten Mal mit der geistigen Welt.

Da ich ein extrem sensibles Kind war, wusste ich, dass der Schmerz meiner Mutter über den Verlust von Joey sehr groß war. Ich war zu jung, um mich an ihn zu erinnern, und ich habe nie wirklich ein Foto von ihm gesehen, weil es für meine Mutter zu belastend war, Erinnerungsstücke in unserem Haus aufzubewahren. Doch eines Tages kam ich aus meinem Schlafzimmer, nachdem ich mit einem Stift meinen ganzen Arm vollgeschrieben hatte, was mir normalerweise verboten war. Meine Mutter sah mich an, und ich sagte: »Mami, Onkel Joey hat mir gesagt, ich soll das machen. Er ist hier. Onkel Joey hat mich besucht.«

Sie schnappte nach Luft, weil die Markierungen auf meinem Arm einer Zeichnung glichen, die Joey früher von einem Kreuz mit komplizierten Mustern und Einlegearbeiten angefertigt hatte.

Ein Jahr später führte meine Mutter für eine Cousine ein Reading durch, während ich unter dem Tisch mit meinem Magic-8-Ball spielte. Ich war vier Jahre alt und hörte zu, was meine Mutter sagte.

»Du wirst nach Kalifornien gehen«, sagte ich mit klarer Stimme von meinem Platz auf dem kalten Linoleum aus.

»Wovon redet sie?«, fragte meine Cousine.

Eine Woche später rief sie an und berichtete erstaunt, dass ihr Chef sie in sein Büro gerufen hatte. Er wollte, dass sie einen anderen und wichtigeren Job in einem anderen Büro übernahm ... in einem anderen Bundesstaat. Sie packte ihre Koffer und ging nach Kalifornien. All das erschien mir völlig natürlich, denn ich war ja damit aufgewachsen, dass übersinnliche Wahrnehmungen normal sind.

Am richtigen Ort

Als ich sieben Jahre alt war, zogen wir in ein altes Haus mit Holzschindeln im Norden von New Jersey, das wohl auf die Zeit des Unabhängigkeitskriegs zurückging. Es lag in einem kleinen Tal in den Ramapo Mountains, die Teil des Appalachian Trails im Norden des Staates New York sind.

Die Ramapo Mountains haben etwas sehr Magisches und Mystisches.

Niemand kannte das genaue Alter des Hauses, das meine Eltern in den frühen Siebzigerjahren kauften. In der Urkunde stand »Baujahr unbekannt«. Wir fanden es aufregend, aufs Land zu ziehen. Dort gab es Berge, Seen und Felder, soweit das Auge reichte, und meine Großeltern lebten außerdem direkt gegenüber. Der Umzug war wie das heimliche Versprechen eines glücklichen Lebens, denn bis zu diesem Zeitpunkt hatten wir in kleinen Mietwohnungen gelebt. Das eigene Haus und der Garten zum Spielen versprachen uns rosige Zeiten. Unsere Eltern hätten sich keinen besseren Ort aussuchen können. Es gab überhaupt keine Kriminalität, nur einmal kletterten zwei Kinder auf das Dach einer Pizzeria und schossen mit einer Schrotflinte in Richtung des Rathauses auf der gegenüberliegenden Straßenseite. Der Schuss traf und tötete den damaligen Richter mit aberwitziger Genauigkeit! Dieser Vorfall brachte unserer Stadt einen Platz auf der Titelseite der »Daily News« ein, war aber nicht das einzige Ereignis, das der Kleinstadt, in der ich aufwuchs, eine gewisse Berühmtheit einbrachte. Hier lebten Arbeiter und Angehörige der Mittelschicht wie wir, die Familie und Traditionen schätzten. Dank ihrer indigenen Vorgeschichte und der Sagen, die sich darum rankten, hatte die Stadt aber auch etwas Geheimnisvolles. Die Ereignisse, die sich in unserer Stadt abspielten, bestärkten mich nicht nur in meiner festen Überzeugung, dass das Mystische uns immer umgibt, sondern luden mich auch ein, es aufzuspüren.

Begegnungen der zweiten Art

Als ich ein junges Mädchen war, hörte ich von meinem Großvater Geschichten über Vorgänge an einem Stausee, der nur wenige Minuten von meinem Zuhause entfernt lag. In einem Zeitungsartikel stand darüber:

»Der 11. Januar 1966 begann wie jeder andere Wintertag in der kleinen Stadt. Die Luft war klar und kalt, die Kinder genossen die Schulferien und die Menschen gingen ihrem gewohnten Tagesablauf nach. Sie ahnten nicht, dass sich vor Anbruch der Dunkelheit etwas Unglaubliches und Unerklärliches ereignen würde, das das Leben vieler Einwohner für immer verändern sollte.«

Am frühen Abend wurde die Polizei alarmiert wegen eines glühenden, feurigen, runden Objekts, das über dem Stausee schwebte. Es wippte und schwebte auf und ab, als die Polizei und zahlreiche Einwohner der Stadt dorthin kamen und das Ding anstarrten. Mein Onkel Joe und mein Großvater, die nur wenige Minuten entfernt wohnten, rannten ebenfalls dorthin, da sie es am Himmel entdeckt hatten. Es wird berichtet, dass bei der Polizei Anrufe aus einem Umkreis von zwanzig Meilen eingingen, die allesamt dieses seltsame Flugobjekt meldeten. Fassungslos beobachteten die Zuschauer, wie das Objekt auf dem gefrorenen Wasser landete und ein Loch durch das Eis brannte. In den nächsten Tagen gab es weitere Sichtungen, dann hörte die Aktivität auf. Niemand konnte sich je erklären, was es mit dem mysteriösen, sich drehenden, glühenden Licht auf sich hatte, und bis heute besuchen Neugierige den Ort und warten darauf, dass vielleicht ein weiterer außerirdischer Besucher auftaucht. Jeder in der Stadt wusste, dass die Regierung regelmäßig Forscher in die Gegend schickte, um

Untersuchungen durchzuführen. Der Vorfall wurde von vielen UFO-Forschern als authentische Sichtung anerkannt und der Ort ist bekannt als »Roswell of the Ramapos«.

Geheimnisvolle Berge

Mein Großvater mochte die Ramapo Mountains und ging auch noch im fortgeschrittenen Alter dort wandern. Er liebte die Berge so sehr, dass nach seinem Tod im Jahr 2003 seine Asche dort verstreut wurde, so wie er es sich gewünscht hatte. Die Berge schwingen mit der Energie der Ureinwohner Amerikas, die einst dort lebten. Bei einer Wanderung meines Großvaters wurde deutlich, dass man die Kräfte, die über den Berg wachen, nicht unterschätzen darf.

Die Wächter am Tor

Versteckt im Ramapo Mount State Forrest liegen auf dem Fox Mountain Hill die verlassenen Ruinen des geheimnisvollen »Van Slyke Castles«, ein äußerst beliebtes Ziel für Wanderer. Das Schloss wurde Anfang des 20. Jahrhunderts mitten im Wald erbaut und in den 1950er-Jahren verlassen.

Im Jahr 1959 fiel das Schloss Vandalismus zum Opfer und brannte ab. Die noch erhaltenen Mauern, Kamine und Fundamente sind heute überwuchert und mit Efeu bewachsen.

An einem Frühlingstag nahm mein Großvater meinen Bruder Rick und meinen Onkel Joey mit zu einer Wanderung durch den Ramapo Forrest. Als sie sich dem Schloss näherten, hörte mein Großvater, dass sich etwas durch das Dickicht bewegte. Er befahl den Jungs stehenzubleiben, und sie warteten schweigend auf dem Pfad, ob jemand auftauchen würde. Ein paar Augenblicke vergingen, doch nichts geschah. Als sie weitergingen, entdeckte mein Großvater plötzlich eine Meute wilder Hunde, die aus dem Wald stürmten und auf sie zu rannten. Er beschrieb sie als Wölfe, grau und weiß, mit aufgerichteten Ohren. Ihr Knurren habe geklungen wie das von Dämonen in der Hölle. Bösartig stürzten sie sich auf die Jungen und griffen sie an, packten ihre Beine und schüttelten sie hin und her mit dem typischen Beutefangverhalten von Wölfen. Mein Großvater holte sein Messer heraus und packte einen der Hunde am Genick. Er erzählte, der Hund habe seinen Kopf zu ihm umgedreht, und aus seinen Augen habe ihn das reine Böse angestarrt. Bevor mein Großvater ihn erstechen konnte, ergriffen die Hunde die Flucht. Die Jungen lagen benommen auf der Erde. »Geht es euch gut?«, stieß Großvater außer Atem hervor.

»Ja, Opa.« Mein Bruder betrachtete seine Hosenbeine. »Die hatten ja gar keine Zähne!«

»Ja, das stimmt!«, bestätigte Joey. An den Jungs waren keine Bissspuren festzustellen.

Die Wächter des Van-Slyke-Schlosses hatten eine strenge Warnung ausgesprochen: Bleibt weg, sonst ... Mein Großvater sagte, dass er und die Jungs umgekehrt waren und darauf verzichtet hatten, die Ruine an diesem Tag zu besuchen.

Ein Portal in eine andere Dimension

Hinter dem Ramapo-Staudamm befindet sich an einem langen Feldweg, der in ein Waldgebiet führt, ein Energiewirbel. Wir sind dort schon oft gewandert und die unheimlichen Schwingungen kann jeder wahrnehmen, der sich in das Gebiet hineinwagt. Meine Mutter erzählte mir, dass dort während des Unabhängigkeitskrieges Soldaten lagerten, die hier mit Kanonenkugeln beliefert wurden. Als Medium habe ich jedes Mal, wenn ich dort hinaufgegangen bin, Soldatenstimmen oder das Klirren von Metall gehört. Auch heute noch halten sich einige Seelen an diesem früheren Kriegsschauplatz auf. Als ich wieder einmal dort war, begegnete ich sogar dem Geist eines Soldaten in voller Montur, der ein Grab zu schaufeln schien. Ich versuchte, mit ihm ins Gespräch zu kommen, aber er wollte nicht mit mir kommunizieren und grub stumm weiter. Doch die Geschichte des Ortes geht noch weiter zurück. Man sagt, dass sich der Energiewirbel auf einem früheren Indianerfriedhof befindet, der gestört wurde, als die Firma DuPont nach dem Ersten Weltkrieg dort eine Sprengstoffanlage errichtete. Von Anfang an ereigneten sich zahlreiche Katastrophen. Im Jahr 1917 explodierten in der Anlage über 180 Tonnen rauchloses Pulver. Die Explosion, die weithin zu hören und zu spüren war, tötete mehrere Menschen. Die inoffizielle Theorie besagt, dass zwischen den Energien der dort gebundenen Seelen aus dem Krieg und von der Grablege und den Ablagerungen von Chemikalien der Boden aktiviert und ein elektromagnetisches Feld erzeugt wurde, das einen Energiewirbel oder ein Portal zu anderen Dimensionen schuf. Ortsansässige berichten von Drachen, Baumgeistern, Engeln und anderen Entitäten, die sie dort gesehen haben. Immer wieder wurde die Gegend von Experten und Laien untersucht und dokumentiert. Orbs, mysteriöse Wesen und Außerirdische aus alten Zivilisationen sollen aus dem Boden aufgetaucht und am Energiewirbel gesichtet worden sein. Ein Forscher behauptete sogar, sich mit einer Gruppe von

Wesen der Astralebene, die sich Endorianer und als Wächter des Geländes bezeichneten, verbunden und mit ihnen kommuniziert zu haben.

Das geheimnisvolle Ramapo-Bergvolk

Die Ramapo Mountains schienen die Heimat des Außergewöhnlichen zu sein, und mein Aufwachsen in ihrem mystischen Schatten schürte meine Neugierde auf das Metaphysische. Die Berge sind auch die Heimat einer geheimnisvollen Gemeinschaft namens Ramapo Mountain People oder Jackson Whites, eine von ihnen als abwertend empfundene Bezeichnung. Es wird behauptet, sie seien die Nachkommen von entlaufenen Sklaven, holländischen Siedlern und deutschstämmigen Soldaten aus Hessen-Kassel, die während des Unabhängigkeitskrieges aus der britischen Armee desertierten. Nach Ende des Krieges flohen sie aus den Grenzgebieten der Berge in die Wälder. Sie und ihre Nachfahren führten seither ein isoliertes Leben in Hütten ohne Strom und Heizung in den ehemaligen Bergbaugebieten im Norden von New Jersey. Anfang der 1980er-Jahre schaltete sich die US-Regierung ein, um mithilfe finanzieller Unterstützung den Lebensstandard der Ramapo Mountain People zu verbessern. Damals besuchten einige der Kinder öffentliche Schulen, und ich schloss mit ein paar von ihnen Freundschaft. Meine Neugierde drängte mich, diese Kinder zu Hause zu besuchen, um mehr über diese mysteriöse Gemeinschaft zu erfahren. Ich freundete mich mit einem Mädchen namens April an, und sie erzählte mir von ihrem geheimnisvollen Leben tief im alten Minengebiet. Schließlich vertraute sie mir und lud mich zu sich nach Hause ein.

Bei einem meiner Besuche hatte ich ein sehr seltsames Erlebnis.

Wir saßen in Aprils Zimmer und unterhielten uns über ganz alltägliche Dinge, über die Schule, über Jungs und führten die typischen Teenagergespräche, als sie das Zimmer verließ, um etwas zu trinken. Ich saß auf ihrem Bett und blickte aus ihrem Fenster, als sich ein kleiner Junge von draußen dem Fenster näherte. Weil es ein warmer Frühlingsnachmittag war, war das Fenster geöffnet. Ich winkte dem Jungen zu. »Wo ist April?«, fragte er und schien es eilig zu haben. »Sie kommt gleich wieder«, antwortete ich.

»Sag ihr, Smoochie braucht sie draußen, wir spielen Ball.« So plötzlich, wie er aufgetaucht war, verschwand er.

Als April zurückkam, übermittelte ich ihr die Nachricht. »Ein kleiner Junge kam ans Fenster, Smoochie, er will, dass du rauskommst und mit ihm Ball spielst«, sagte ich.

April sah verwirrt aus.

»Smoochie?«, fragte ich. Hatte ich die Nachricht etwa falsch verstanden?

»Smoochie ist tot«, sagte sie einfach so.

»Was meinst du mit *tot*? Er war gerade hier am Fenster ... etwa fünf Jahre alt?«, fragte ich nach.

Dann erzählte April von ihrem Cousin, der seinen Spitznamen Smoochie ihr verdankte und der vor etwa fünf Jahren bei einem Brand umgekommen war. Sie erklärte, sie habe in ihrer Hütte keine Zentralheizung, und ein Kerosinheizofen habe das Haus in Brand gesetzt. Bei dem Feuer starben sechs Kinder, darunter der fünfjährige Smoochie. Sie erinnerte sich, wie die Kinder aus dem Fenster im zweiten Stock hingen und um Hilfe schrien. Die Feuerwehr hatte keine Chance, dorthin zu gelangen, und Hydranten gab es nicht. Sie erinnerte sich an das allgemeine Entsetzen, als die Kinder aus dem Fenster verschwanden, weil das zweite Stockwerk einstürzte. Man konnte nichts tun, um sie zu retten. Dieser Vorfall veranlasste die Regierung schließlich, einzugreifen und die Hütten der Ramapo Mountain People, die ohne zeitgemäße Einrichtungen lebten, auf den neuesten Stand zu bringen. Dann erzählte mir April, dass sie von Smoochie und ihren anderen Cousins, die im Feuer umgekommen waren, verfolgt wurde und ständig ihr Lachen vor ihrem Fenster hörte.

Wenn ich zurückblicke, kann ich verstehen, warum Smoochie zu mir kam. Ich wusste damals noch nicht wirklich viel über meine mediale Begabung, und der Vorfall war irgendwie unheimlich, aber auch April musste ein junges Medium gewesen sein. Mein Kontakt mit Smoochie bestätigte sie in ihrem Glauben, dass die Kinder noch immer zugegen waren. April und ich sahen darin einen Beweis dafür, dass die Kinder nicht gehen würden, bis sie jemand befreite. Die Ramapo Mountain People haben tiefe spirituelle, in ihrer indigenen Abstammung verwurzelte Glaubensvorstellungen. Ungefähr eine Woche nach dem Vorfall mit Smoochiee führten April und ich eine »Afterlife-Zeremonie« durch, ein Ritual der Ureinwohner, das den Seelen der Kinder helfen würde, weiterzuziehen und die Gegend zu verlassen. Als wir während der Zeremonie auf dem Boden saßen, sah ich, wie sich die ätherischen Körper von sechs Kindern über der Feuerstelle erhoben und dann im Rauch zu verschwinden schienen. Die Seelen der Kinder waren nun frei, und April hörte nie wieder das Lachen vor ihrem Fenster.

Die Kraft zu glauben

Für mich sind solche Geschichten Teil meines Lebens, meiner eigenen Geschichte. Ich wurde dazu erzogen, zu glauben und nie daran zu zweifeln, dass alles möglich ist. Dass es Wesen gibt, die in anderen Dimensionen leben. Dass wir mit ihnen kommunizieren können. Dass geliebte Menschen nie aufhören, zu existieren. Und dass wir alle die gleiche Lebensenergie teilen, egal ob lebendig oder tot. Ein Lichtarbeiter, der nicht an die geistige Welt glaubt, ist verloren. Die Seelen von Verstorbenen sind immer um uns, und die sichtbare und die unsichtbare Welt sind durch die Quelle miteinander verbunden. Wir alle sind durch die Quelle miteinander verbunden.

Beim Lesen denkst du nach, verarbeitest die Informationen und staunst über die verschiedenen Möglichkeiten, die es gibt. Viele Menschen hatten nie die Möglichkeit, das zu erforschen, was ihnen unbegreiflich erschien, weil ihre Erziehung oder die Gesellschaft es nicht zuließ. Heute, da wir diesen enormen Bewusstseinswandel erleben, bekommen wir endlich alle die Chance, zu glauben: Wir können an Magie glauben, an Märchen oder an Geister, die in der Nacht erscheinen, ganz egal, was es ist. Im Glauben an die unendliche Kraft der Quelle, an unsere unendliche Kraft und die Kraft des Universums, das für uns geschaffen wurde, liegt Heilung. Der Glaube macht alle Dinge möglich, und wenn alle Dinge möglich sind, können wir alles erreichen.

Teil III:

Unbeschwert leben

Kapitel 10:

Das Lichtarbeiterkämmerchen verlassen

Das Wissen, das ich hier mit dir teile, mag dir in Teilen bekannt vorkommen, und manches davon schwingt vielleicht tief in deiner Seele nach. Durch die Informationen in diesem Buch entdeckst du vielleicht sogar dein wahres Wesen und erlebst, wie deine schlafende Lichtarbeiterseele zum Leben erwacht. Jetzt ist es an der Zeit, deine Lebensaufgabe anzugehen! Wenn du dich an das Versprechen erinnerst, das du vor deiner Ankunft auf der Erde gegeben hast, weißt du, dass dein Leben einem göttlichen Zweck dient.

Viele Lichtarbeiter haben schwer zu kämpfen; viele haben vielleicht ein traumatisches oder unglückliches Leben geführt, bevor sie endlich den Punkt der Erkenntnis erreicht haben. Aber Lichtarbeitern ist es gegeben, die Dunkelheit zu überwinden und spirituell vorwärtszukommen und die Bereitschaft, ihre Lichtenergie zu teilen. Meine eigene dunkle Periode dauerte fast zehn Jahre. Nachdem mein Vater hinübergegangen war, wurde mein Glaube auf die Probe gestellt, und ich wusste nicht mehr genau, worin meine

Lebensaufgabe bestand. Der Weg zurück war lang, aber er brachte mich zu der Zeit und an den Ort, wo ich sein musste, um meine Arbeit hier auf der Erde zu beginnen.

Schöne, aber gebrochene Seelen

Im dritten Kapitel habe ich einige berühmte Lichtarbeiter aufgeführt. Manche von ihnen hatten ein schmerzliches und schwieriges Leben. Einige waren so erfüllt von Lichtenergie, dass sie sich einfach nicht an die Schwere der Erdenebene anpassen konnten. Sie spürten, dass sie nicht dazugehörten, und wollten zurück nach Hause. Viele verließen uns, ohne zu wissen, wie sich ihre Gaben auf die Welt auswirkten. Hier sind einige Beispiele:

Abraham Lincoln (12. Februar 1809 – 15. April 1865): Aus der dritten Ebene. Diente als 16. Präsident der Vereinigten Staaten von März 1861 bis zu seiner Ermordung im April 1865. Führte das Land durch seine größte innere Krise, den Amerikanischen Bürgerkrieg; bewahrte die Union und beendete die Sklaverei, indem er eine ganze Bevölkerungsgruppe befreite. Lincoln litt unter schweren Depressionen und schrieb: »Ich bin nun der Elendste unter den Lebenden. Wenn die gesamte Menschheit erleben würde, was ich erlebe, dann gäbe es kein freudvolles Gesicht auf Erden.«

Frida Kahlo (6. Juli 1907 – 13. Juli 1954): Aus der vierten Ebene. Eine mexikanische Künstlerin, die im Alter von sechs Jahren an Polio erkrankte, traumatische Verletzungen und Fehlgeburten erlitt und mehr durchstand, als die meisten in ihrem Leben ertragen könnten. Frida Kahlos Werk ist wegen seines »Schmerzes und seiner Leidenschaft« in besonderer Weise in Erinnerung, und das schien der Weg ihres ganzen Lebens zu sein. Tage vor ihrem Tod schrieb sie: »Ich hoffe, der Ausgang ist freudig – und ich hoffe, nie wieder zurückzukehren. – Frida.« Sie starb im Alter von 47 Jahren an einer Lungenembolie, die, wie Freunde vermuten, auch die Folge einer gewollten Medikamentenüberdosis gewesen sein könnte.

Vincent Van Gogh (30. März 1853 – 29. Juli 1890): Aus der vierten Ebene. Ein holländischer postimpressionistischer Maler. Er litt im Laufe seines Lebens an Angstzuständen und psychischen Zusammenbrüchen und starb im Alter von 37 Jahren an den Folgen einer Schussverletzung. Man weiß nicht, ob es ein Selbstmord war. Er schrieb seinem Bruder: »Du siehst, was ich gefunden habe: meine Arbeit; und du siehst auch, was ich nicht gefunden habe – alles Übrige, was zum Leben gehört.« Van Gogh hat allein in den letzten zehn Jahren seines Lebens über 900 Gemälde und 1000 Zeichnungen geschaffen. Er wusste nicht, dass er durch sein Werk ganze Generationen von Künstlern beeinflussen würde. Erst nach seinem Tod wurde er weltberühmt.

Virginia Woolf (25. Januar 1882 – 28. März 1941): Aus der vierten Ebene. Englische Schriftstellerin, Kritikerin, Verlegerin und Feministin. Virginia Woolf wurde Opfer von sexuellem Missbrauch und war manisch-depressiv. Am 28. März 1941 stürzte sie sich mit Steinen in der Manteltasche in den Fluss vor ihrem Haus. Sie schrieb ihrem Mann einen Abschiedsbrief: »Ich fühle deutlich, dass ich wieder verrückt werde. Ich glaube nicht, dass zwei Menschen glücklicher hätten sein können, bis diese schreckliche Krankheit kam ... Wenn jemand mich hätte retten können, wärest du es gewesen. Alles andere hat mich verlassen, außer dem sicheren Wissen um deine Güte. Ich kann dein Leben nicht länger ruinieren.«

Diana, Prinzessin von Wales (Diana Frances Spencer; 1. Juli 1961 – 31. August 1997): Aus der dritten Ebene. Erste Frau von Charles, Prinz von Wales, den sie am 29. Juli 1981 heiratete; Mitglied des britischen Königshauses. Von den Menschen verehrt als »Königin der Herzen«. Sie litt unter schweren Depressionen, Magersucht, Bulimie, dennoch war sie unermüdlich für karitative Organisationen tätig, darunter als VIP-Freiwillige des Internationalen Roten Kreuzes, um den Opfern von Landminen in Angola zu helfen. Sie sagte: »Sie (ihre Söhne) sollen sich in die Gefühle anderer hineinversetzen können, in ihre Ängste und Notlagen sowie in ihre Hoffnungen und Träume. Das möchte ich ihnen vermitteln.« Am 31. August 1997 starb Diana bei einem Autounfall in Paris.

Rembrandt Bugatti (16. Oktober 1884 – 8. Januar 1916): Aus der vierten Ebene. Ein italienischer Bildhauer, der vor allem für seine Bronzeskulpturen von Tieren bekannt ist. Bei Beginn des Ersten Weltkriegs meldete sich Bugatti freiwillig als Sanitätshelfer im Militärkrankenhaus des Roten Kreuzes in Antwerpen. Seine Erlebnisse unter Kranken und Sterbenden ließen den sensiblen Künstler in eine Depression verfallen. Als der Antwerpener Zoo gezwungen war, den größten Teil seiner Wildtiere zu töten, traf ihn dies zutiefst, denn viele dieser Tiere waren Modelle für seine Skulpturen. 1916 beging er Selbstmord.

Es ist offensichtlich, dass diese wunderbaren Lichtarbeiter viel Schmerz ertragen haben, um ihre Gaben mit der Welt zu teilen. Es ist tragisch, dass sie während ihres Erdenlebens gar nicht wussten, wie sehr ihre Lichtenergie zur Heilung des Planeten beitrug. Die meisten von ihnen dachten sogar, dass die Welt ohne sie ein besserer Ort wäre. Aus Platzgründen kann ich hier natürlich nur einige wenige Beispiele aufführen, tatsächlich ließe sich die Liste weiter fortsetzen.

Es ist nicht ungewöhnlich, dass Lichtarbeiter an mentalen, emotionalen oder körperlichen Problemen leiden. Ihre hohe Sensibilität macht sie anfällig für diese Art von Herausforderungen. Doch kein Lichtarbeiter muss eine »tragische Figur« sein, um die Welt zu erhellen. Lichtarbeiter können lernen, ihre besonderen Fähigkeiten ins Gleichgewicht zu bringen und so zu steuern, dass die Belastungen für sie geringer werden. Wenn Lichtarbeiter ihre Aufgabe und ihre eigene Komplexität verstehen, ist es für sie einfacher, mit dem Leben hier auf der Erde zurechtzukommen.

Ist deine Zeit gekommen?

Der Tag könnte kommen, an dem du zu deiner göttlichen Bestimmung erwachst und mit deiner Lichtarbeit hervortrittst, um anderen mit spiritueller Arbeit zu helfen. Damit trägst du dazu bei, dass sich die Lichtenergie auf der Erde weiter ausbreitet, und es gibt viele verschiedene Wege, um dies zu erreichen. Lichtarbeiter wie du werden für bestimmte Aufgabenbereiche berufen. Wenn du erst deine Herkunftsebene (siehe drittes Kapitel) kennst, fällt es dir leichter, deine Aufgabe zu ermitteln.

Nun hast du einen wunderbaren Meilenstein in deiner Entwicklung erreicht. Als Lichtarbeiter wurdest du beauftragt, bestimmte Gaben zu nutzen, um bei der Heilung der Erdenebene mitzuhelfen. Mach dir keine Sorgen darüber, ob du wirklich schon bereit dafür bist. Ich glaube fest daran, dass das Universum dich zum richtigen Zeitpunkt an deinen Platz führen wird, und das wird erst geschehen, wenn du die dir gestellten Aufgaben auch erfüllen kannst. Du würdest es ganz sicher merken und dich blockiert fühlen, wenn es anders wäre. Hindernisse würden dir die Zusammenarbeit mit anderen erschweren, und irgendwann würdest du dann deine Anstrengungen einstellen.

Ist aber die Zeit reif, dann bahnt das Universum den Weg wie eine Planierraupe, um dir bei deiner Arbeit zu helfen, und gemeinsam werdet ihr ein Umfeld schaffen, das es dir ermöglicht, deine Aufgabe höchst effektiv zu erledigen. Geist lenkt Zeichen und Synchronizitäten in dein Leben, die keinen Zweifel daran lassen, welche Richtung du einschlagen sollst. Im Rückblick wirst du erstaunt sein über die Schritte, durch die dich das Universum an den Ort geführt hat, an den du gehörst. Folge diesem göttlichen Kompass voller Vertrauen, und du wirst nie den falschen Weg einschlagen.

Je mehr du dich der Lichtarbeit widmest, desto mehr Menschen werden dich umgeben, die dich unterstützen wollen und die ebenfalls die besten Absichten haben. Je lichtvoller du bist, desto höher ist deine Schwingung und stark genug, um die Menschen zu reinigen, deren Absichten nicht auf das höchste Wohl aller ausgerichtet sind. Wenn du dich gerne in einem Team mit anderen Lichtarbeitern zusammentun möchtest, dann ist es wichtig, deinen Kanal stets offenzuhalten und dich selbst als ein Leuchtfeuer für die Welt zu betrachten. Nachdem du deine erhöhten Lichtarbeiterfähigkeiten erfolgreich eingesetzt hast, kannst du deine Dienste offen anbieten. Vielleicht fasziniert dich ein bestimmter Bereich der Lichtarbeit ganz besonders. Das kann ein starker Hinweis darauf sein, dass dies die Arbeit ist, für die du hier bist. So übermittelt Geist seine Botschaft an dich; diese Berufung ist dein Lebenssinn.

Bestimme deine Ziele

Bevor du mit der Lichtarbeit beginnst, musst du dich auf deine Ziele festlegen und eine klare Vorstellung davon haben, was du erreichen willst. Ein echter Lichtarbeiter ist kein »Wahrsager«, der den Menschen einfach erzählt, was als Nächstes passiert. Vielmehr führen Lichtarbeiter die Menschen, die zu ihnen kommen, zu ihrem höchsten spirituellen Potenzial. Sie können nichts anderes tun als das, denn sie sind die Träger des Lichts für die Welt, und es ist ihre Aufgabe, Licht zu verbreiten. Sie helfen nicht nur, Lösungen zu finden, sondern erhellen auch die Seelenwege der Menschen.

Ein Wahrsager und ein Lichtarbeiter arbeiten mit zwei völlig unterschiedlichen Methoden. Ich möchte Wahrsager nicht als unbedeutend abtun, sie erfüllen einfach nur eine andere Funktion. Solange Wahrsagen mit guten Intentionen verbunden ist, kann es ein nützliches Werkzeug sein. Doch als Lichtarbeiter solltest du Heilenergie ausstrahlen und andere lehren, wie sie die Werkzeuge des Universums anwenden können, um Wissen und Verständnis für ihre eigene Seelenreise zu sammeln. Zeig ihnen, dass die kraftvolle Botschaft nicht immer in den Antworten liegt, sondern darin, die richtigen Fragen zu finden, die wir uns selbst stellen müssen.

Energieheiler

Die Energie eines Menschen kann durch traumatische oder schmerzhafte Erfahrungen beeinträchtigt sein. Werden Wunden aus der Vergangenheit nicht richtig behandelt, eitern sie, vergiften uns und blockieren den Energiefluss.

Diese Wunden können Seelenverletzungen aus diesem oder aus früheren Leben sein. Genauso wie unser physischer Körper Verletzungen erleiden kann, so ist auch unser astraler Körper nicht vor traumatisierenden Wunden gefeit. Wurde unsere Energie in irgendeiner Weise beeinträchtigt, kann sie nicht mehr richtig fließen. Sie stagniert und verursacht vielleicht sogar Krankheiten im physischen Körper. Als Energieheiler dringst du tief in das Energiefeld deines Klienten ein, um einen gesunden Energiefluss wiederherzustellen. Es gibt viele Methoden dafür, aus denen du diejenige auswählst, die dir am meisten entspricht. Ebenso gibt es viele verschiedene Formen der Energieheilung, die alle auf der gleichen Grundlage beruhen: Stagnierende Energien im physischen und astralen Körper werden gereinigt und Blockierungen aufgelöst. Manche »behandeln« den betroffenen Körperteil durch direkte Berührung, andere reinigen die einzelnen Auraschichten. Natürlich gibt es in den verschiedenen Kulturen der Welt viele weitere Techniken, die ebenfalls seit Jahrhunderten praktiziert werden.

Tierkommunikator

Lichtarbeiter haben eine starke Verbindung mit allen Formen des Lebens, auch zu unseren Freunden aus dem Tierreich. Viele Lichtarbeiter fühlen sich besonders stark zu Tieren hingezogen. Als unsere Begleiter, Führer und Seelenverwandte tragen Haustiere in hohem Maße zu unserer spirituellen Entwicklung bei. Sie können unsere größten Lehrer hier auf der Erdenebene sein, und diese Aufgabe sollte respektiert werden.

Lichtarbeiter, die über starke empathische Fähigkeiten verfügen, sind wunderbare Tierkommunikatoren. Sie klinken sich telepathisch in eine universelle Sprache ein, die den inneren Dialog mit Tieren eröffnet. Ihr erhöhtes Bewusstsein »liest« die Körpersprache und andere Signale, durch die Haustiere ihre Gedanken offenbaren. Lichtarbeiter wissen, was ein Tier fühlt, und »übersetzen« seine Gedanken in die menschliche Sprache, damit wir sie verstehen können.

Tiere fühlen sich instinktiv zu Lichtarbeitern hingezogen, weil sie deren Verbindung zum Universum und zu allen Lebewesen spüren. Von Tierkommunikation profitieren alle, die Bedürfnisse, Gesundheits- oder Verhaltensprobleme ihrer Haustiere besser verstehen möchten. Tierkommunikatoren haben die Aufgabe, den Menschen bewusst zu machen, dass es eine Verbindung zwischen allen Lebensformen gibt.

Rückführungstherapeut

Mithilfe der Rückführung werden Programmierungen aus früheren Inkarnationen bearbeitet, die sich im gegenwärtigen Leben von Klienten negativ auswirken oder die ihren spirituellen Fortschritt hemmen. Bei den Sitzungen werden die Klienten in einen Entspannungszustand versetzt, in dem sie Situationen oder Ereignisse aus vergangenen Leben anschauen. Blockierende Glaubenssätze oder Programmierungen aus diesen Leben können dadurch nach und nach bearbeitet und aufgelöst werden.

Medizinisch-Intuitiver

Medizinisch-Intuitive bieten ihre Fähigkeiten an, um gespeicherte negative Emotionen aus dem Muskel- und Skelettapparat, aus Organen und dem Energiesystem des Körpers zu lösen. Sie scannen den Körper, um Energieblockaden zu finden, und können den Zusammenhang zwischen zurückliegenden Ereignissen und einer körperlichen Erkrankung erkennen. Es gibt Berichte von Medizinisch-Intuitiven, denen zufolge sie schwarze oder dunkle Verfärbungen in dem Bereich des Körpers sehen, der behandelt werden muss. Diese Informationen können zur weiteren Auswertung und Festlegung der Therapie an den Arzt des Klienten weitergegeben werden. Viele Medizinisch-Intuitive arbeiten eng mit Ärzten zusammen (oder sind selbst Mediziner).

Intuitive Beratung für Unternehmen oder Einzelpersonen

Ein intuitiver Berater nutzt seine medialen Fähigkeiten, um Menschen in der Berufswelt zu unterstützen. Das können Vorstände oder CEOs großer Unternehmen sein, aber auch Fachspezialisten nehmen die Dienste von intuitiven Beratern in Anspruch, bevor sie wichtige Entscheidungen treffen oder wenn sie einen Plan für die Zukunft brauchen. Ein intuitiver Berater kann auch bei persönlichen Fragen klärend zur Seite stehen.

Finde deine Berufung

Es ist deine Entscheidung, auf welche Weise du deine Lichtenergie mit der Welt teilen willst. Es müssen nicht die hier vorgestellten Tätigkeiten sein, denn Lichtarbeit kann noch viel mehr umfassen: Verschönere die Erde mit deinen kreativen Fähigkeiten, mit deinem musikalischen oder Schreibtalent oder setz dich für Menschen in Not ein. All das trägt dazu bei, die Lichtenergie unseres Planeten zu vergrößern. Alle Lichtarbeiter sind einzigartig und verfügen über einzigartige Gaben zur Heilung der Erde. Finde den Weg, der sich für dich richtig anfühlt, lass Lichtenergie widerstandslos durch dich hindurchfließen, und du wirst deine göttliche Mission erfüllen.

Kapitel 11:

Die Lichtarbeiterseele nähren und pflegen

Nachdem du deine erhöhten Fähigkeiten angenommen hast, solltest du, um deine Mission effektiv zu erfüllen und mit deinem göttlichen Selbst verbunden zu bleiben, immer gut auf dich selbst achten. Wenn deine Energie nicht frei fließt, bist du auch nicht in der Lage, anderen so zu helfen, dass es zu deinem höchsten Nutzen ist. Du verlierst langsam den Fokus und bist schnell erschöpft, deine Arbeit verliert an Effektivität. Du bist der Kanal für das Licht, und wenn der Kanal nicht klar ist, dann blockiert deine Lichtenergie. Verstand, Körper und Geist müssen alle rein, klar und fokussiert bleiben. Körper, Verstand und Geist bedürfen ebenso der regelmäßigen Pflege wie dein Lebensraum, deine Beziehungen und dein persönliches Energiefeld.

Blockierte Energie im Haus

Das Horten von Gegenständen und Unordnung blockieren die Energie in deinem Umfeld. Deshalb solltest du regelmäßig deine Sachen sichten, sortieren, aufräumen und alles weggeben, was dir nicht mehr dient oder nicht mehr zu dir passt. Meiner Meinung nach eignen sich die Sommer- und Wintersonnwenden im Juni und Dezember am besten für den großen Hausputz, weil sie energetische Wendepunkte darstellen. Jeder Gegenstand enthält Energie, und herumliegende Kleidungsstücke, Zeitungen und Schnickschnack verursachen ein energetisches Durcheinander.

Alte Gegenstände, die du aufbewahrst, verstopfen den Energiefluss in deinem Zuhause und deinen eigenen. Deshalb ist es wichtig, regelmäßig die Dinge zu entfernen, die alte Energie enthalten. Es kann unangenehm oder sogar schmerzhaft sein, sich von bestimmten Sachen zu trennen, weil man sie nicht loslassen kann. Doch oft repräsentieren sie alte, unnütz gewordene Verhaltensmuster oder Überzeugungen. Das Loslassen dieser Gegenstände hilft dir dabei, die damit verbundenen, dein Wachstum hemmenden Glaubenssätze aufzulösen. Auf deinem Weg voran beschweren sie dich wie zusätzliches Gepäck.

Sprich den Satz »Ich lasse jetzt das los, was nicht mehr meinem höchsten Zweck dient« laut aus, während du die Gegenstände einpackst. Er wird dir durch den Prozess des Loslassens helfen. Segne die Gegenstände, und spende alles, was man noch gebrauchen kann, für wohltätige Zwecke oder gib sie weiter an Freunde, die sie zur Erneuerung ihrer eigenen Energie nutzen können. Für einen Lichtarbeiter ist es unerlässlich, einen sauberen, ungestörten Energiefluss in seiner Umgebung aufrechtzuerhalten.

Vermeide Energieverluste

Manche Menschen kann man zurecht als »Energievampire« bezeichnen, weil sie von Natur aus sehr bedürftig sind. Sie müssen ihre Lebensenergie aus externen Quellen beziehen und fühlen sich deshalb von Lichtarbeitern mit ihrer hohen Lichtenergie magnetisch angezogen. Energievampire sind leicht zu erkennen, denn nach einer Begegnung mit ihnen fühlt man sich körperlich, geistig und emotional ausgelaugt.

Wenn du meinst, dass ein geliebter Mensch, ein Freund, ein Klient oder eine andere Person in deinem Umfeld dich auf diese Weise aussaugt, dann musst du dich sofort abgrenzen und das Abschirmungsritual aus dem fünften Kapitel oder ein ähnliches Ritual durchführen. Auch eine spirituelle Reinigung durch ein Meersalzbad oder der gedankliche Aufenthalt in einem kristallklaren Wasserfall grenzt dich ab. Das herabstürzende Wasser reinigt dich von den negativen Nachwirkungen der Begegnung mit dem Energievampir.

Als Lichtarbeiter wirst du Mitgefühl für diese Person empfinden, aber denk daran, dass du zum höchsten Wohl aller arbeitest. Du dienst der Gemeinschaft nicht, wenn deine Energie erschöpft ist. Andere Energielecks können dein berufliches Umfeld, deine Wohnverhältnisse und eine Vielzahl weiterer ungesunder Aktivitäten sein, die dich auslaugen.

Halte dich körperlich fit

Damit Energien fließen, solltest du sitzende Tätigkeiten vermeiden. Ist dein Körper in schlechter Verfassung, beeinflusst dich das sowohl emotional als auch spirituell. Ein regelmäßiges Bewegungsprogramm ist hervorragend geeignet, um überschüssige Energien oder Stress, der sich durch deine erhöhte Wahrnehmung aufgebaut hat, abzubauen. Jede der unterschiedlichen Aktivitäten hat ihre ureigenen Vorteile: Gehst du spazieren oder joggst, bleibst du geerdet. Schwimmen und weitere Wassersportarten reinigen deine Aura und verdünnen dunkle Energien. Eine Tanzstunde setzt deine aufgestaute kreative Energie frei. Vergiss nicht, du bestehst aus Energie, und Energie kann nicht stillstehen. Ihr ungehinderter Fluss ist wichtig für dein Wohlbefinden. Durch regelmäßige Bewegung bringst du deine Energie in Fluss, und das macht es deiner Lichtarbeiterseele leicht, zufrieden in deinem Körper zu wohnen.

Maßhalten

Fehlende Mäßigung sorgt für Unausgeglichenheit im Leben. Ein unausgeglichener Lichtarbeiter verliert schnell den Fokus und wird unglücklich. Wer sich als Lichtarbeiter nicht die Zeit nimmt, um sich zu vergnügen und Spannungen abzubauen, befindet sich auf dem Weg zum Zusammenbruch. Als Heiler und Berater vergessen wir manchmal, eine Pause einzulegen oder uns selbst eine Freude zu bereiten. Gestatte es deinem inneren Kind, die Führung zu übernehmen und Spaß zu haben! Wälze dich in einem Blätterhaufen, spiele mit deinem Haustier oder setze dich nachts auf deinen Balkon und zähle die Sterne. Solche Ruhephasen brauchst du, damit dein Licht leuchten kann.

Das gilt auch für deinen Lebensstil. Bleib im Rahmen deiner Möglichkeiten, damit du finanziell nicht unter Druck gerätst. Sobald du dich auf finanzielle Sorgen konzentrierst, verändert sich dein Fokus, und deine Gabe der Bewusstheit wird getrübt. Ich stelle mir gern vor, dass ich mich auf einem kleinen Boot befinde, und wenn ich nicht alles Überflüssige über Bord werfe, wird es sinken. Das macht mir immer wieder klar, was ich wirklich brauche und was nur Übergepäck ist, für das ich auch noch bezahlen muss. Das bewahrt mich vor finanziellem Stress und macht mein

Leben unkompliziert. Übermäßiges Essen und Trinken bringt Lichtarbeiter fast immer aus dem Gleichgewicht. Ein maßvolles Leben ist der Schlüssel, um fokussiert und ausgeglichen zu bleiben, und ermöglicht dir, deine Ziele viel leichter zu erreichen.

Selbstliebe und Selbstakzeptanz

Wir wissen, dass Lichtarbeiter eine göttliche Mission auf der Erde haben. Das klingt bedeutsam und ist eine Aufgabe, der man wirklich gewachsen sein muss. Egal ob du dich als Lichtarbeiter betrachtest oder nicht: Es bringt dich nicht weiter, wenn du überzogene Erwartungen an dich stellst. Wenn du sie nicht erfüllen kannst, dann förderst du damit nur Versagensängste und ein geringes Selbstwertgefühl. Uns selbst zu lieben und uns so zu akzeptieren, wie wir hier und jetzt sind, gibt uns den Spielraum für Verbesserungen. Gestatte es dir, ganz du selbst zu sein, und liebe dich selbst bedingungs- und grenzenlos, denn so gelangst du am ehesten auf eine höhere spirituelle Ebene.

Vertraue fest darauf, dass die Quelle uns nur an einen Ort stellt, an dem wir sein sollen. Kein Fehler ist umsonst; das sind nur getarnte Lektionen für uns. Sei bereit, Risiken einzugehen, und vertraue darauf, dass das Universum immer nur das höchste Wohl für uns alle im Sinn hat. Wenn du einen Fehler machst oder einen Misserfolg verbuchen musst, dann fürchte dich nicht vor Strafen durch andere oder das Universum. Die Quelle liebt und akzeptiert dich bedingungslos – und das solltest du auch!

Umarme deine dunklen Tage

Im Licht zu leben bedeutet nicht, nie dunkle Tage zu haben. Wie wir bereits besprochen haben, sind Lichtarbeiter sogar anfälliger für dunkle Tage als andere. Diejenigen, die das hellste Licht ausstrahlen, gehen durch die dunkelsten Täler. Nimm diese dunklen Zeiten liebevoll an, denn so verarbeitest du sie. Ich halte die vielen Glücksratgeber für nutzlos, denn ohne Zeiten der Niedergeschlagenheit würden wir niemals das wahre Glück erkennen. Wir wachsen an unseren dunklen Phasen, nicht an den glücklichen! Wenn du traurig bist oder eine schwierige Zeit durchmachst, dann nimm diese Erfahrung an. Akzeptiere jeden Augenblick, wie er ist, weiche nicht aus und segne den Prozess.

Bald wirst du wieder das Licht sehen, das verspreche ich dir!

Unterstützung finden

Es ist wichtig, Gleichgesinnte zu finden, die dich unterstützen. Viele Lichtarbeiter fühlen sich isoliert oder meinen, nirgendwo dazuzupassen, andere meiden die Gesellschaft ihrer Mitmenschen aus Angst, missverstanden oder lächerlich gemacht zu werden. Vor anderen Lichtarbeitern musst du dich nicht verstecken oder befürchten, wegen deiner Überzeugungen ausgelacht zu werden.

Ich habe mein wahres Ich oft unterdrückt, wenn ich das Gefühl hatte, dass die anderen mich nicht verstehen würden. Derartiges Verhalten bewirkt in mir großen Stress und tiefe Traurigkeit. Leichter findest du Anschluss an Gruppen, deren Mitglieder ähnliche Intentionen haben wie du.

Für den Fall, dass du einfach nicht fündig wirst, hat uns das Universum ein sehr kreatives Werkzeug an die Hand gegeben, um mit anderen Menschen rund um den Globus in Verbindung zu treten: das Internet! Mit dem Internet ist es viel leichter, die Menschen zu erreichen, die unsere Überzeugungen teilen. Wir haben die Möglichkeit, weltweit Gruppen, Webseiten oder Foren zu suchen, mit denen wir uns verbinden wollen. Du wirst sehen: Es gibt Millionen Menschen wie dich, und es gibt keinen Grund, allein zu leiden.

Gestatte dir energetischen Ausgleich

Viele Lichtarbeiter und andere auf dem spirituellen Pfad fühlen sich schuldig, wenn sie für ihre Dienste Geld annehmen. Die Arbeit als Lichtarbeiter bedeutet aber nicht, immer nur zu geben und nie etwas dafür zu erhalten. Wenn du zum Beispiel am Aufbau einer spirituellen Praxis arbeitest, ist es in Ordnung, dich für deine Leistung bezahlen zu lassen. Das Universum sorgt immer für Ausgleich, und wo soll der sein, wenn du nicht in irgendeiner Weise für deine Arbeit entlohnt wirst? Man *kann* im Überfluss und gleichzeitig seine Leidenschaft leben. Anderen zu helfen, ist viel schwieriger, wenn du in Armut lebst und nicht genug Geld für dein Auskommen hast. Du musst dich ernähren, leben und hier in der Welt funktionieren. Wenn es irgendeinen gerechten Ausgleich für deine Dienste gibt, dann ist es völlig in Ordnung, diesen Ausgleich anzunehmen. Was du zurückbekommst, muss nicht Geld sein, Dienstleistungen oder Waren sind ebenfalls ein angemessener Tausch. Egal, wofür du dich entscheidest: Es sollte immer fair und gerecht zugehen. Anbieter, die zu viel berechnen und ihre Kunden ausnutzen, sind bald nicht mehr im Geschäft. Das Universum ist ein fairer und genauer Buchhalter!

Lebe deine Leidenschaft

Scheue dich nicht, deine Berufung zu hinterfragen, wenn du sie gefunden hast. Es mag Zeiten geben, in denen du das Gefühl hast, dass alles gegen dich ist, aber gib nicht auf. Das Universum mag dir Hindernisse in den Weg legen, aber damit lädt es dich nur ein, eine Umgehung zu suchen! Bei jeder Straßensperre lässt mich hoffen, dass eine andere Route mir vielleicht etwas Besseres bietet, also suche ich danach. Wenn du dich für etwas leidenschaftlich interessierst, dann ist deine Seele im Gleichklang mit deinen Intentionen; vernachlässige deine Leidenschaften nicht aus Angst. Nimm deine Gaben an und teile sie!

Es ist wichtig, dass sich jeder Lichtarbeiter Zeit nimmt, um auf dem schmalen Grat zwischen seiner spirituellen Verbindung und seiner physischen Existenz auf der Erde zu wandeln. Betrachte dich also nicht als etwas Selbstverständliches. Du bist der Kanal für das Licht, und wenn der Kanal nicht klar ist, wird das Licht blockiert. Verstand, Körper und Geist müssen deshalb immer frei bleiben von energetischem Durcheinander oder nutzlosem Übergepäck.

Kapitel 12:

Seelenverträge und verschiedene Beziehungen

Die Beatles äußerten eine klare Meinung zu Herzensangelegenheiten, als sie sangen: »All you need is love ... love is all you need.« Wenn es nur so einfach wäre! Liebe kann verwirrend sein, weshalb es nicht verwunderlich ist, dass viele meiner männlichen und weiblichen Klienten Fragen über Liebesthemen an mich richten. Viele Menschen fühlen sich ohne Partner oder einen anderen Menschen an ihrer Seite unvollständig. Ich kenne viele, die ihr Leben lang nach *dem* richtigen Menschen bzw. ihrem »Seelenverwandten« suchen.

Liebesbeziehungen

Viel häufiger, als wir denken, begegnen wir der Person, mit der wir uns auf der Seelenebene verbinden, aber es kann ganz schön knifflig sein, die wahre Bedeutung dieser Verbindung zu entschlüsseln. Der Begriff »Seelengruppe« bezieht sich auf viele Seelen, die in verschiedenen Inkarnationen (oder Leben) in den immer gleichen Kreisen unterwegs sind. Das deutet darauf hin, dass wir aus vielen verschiedenen Gründen viele »Seelenverwandte« haben, die uns bis in alle Ewigkeit lieben und unterstützen. Der Charakter der Seelenverwandtschaften ändert sich von einem Leben zum nächsten, während wir versuchen, unsere Karmawaage ins Gleichgewicht zu bringen und unseren Lichtanteil zu erhöhen. In einem Leben mögen zwei Seelen Ehemann und Ehefrau gewesen sein, in einem anderen vielleicht Mutter und Sohn, aber dann kehren sich die Rollen vielleicht um. Die Verbindungen könnten sich so lange wiederholen, bis beide Seelen ihre gegenseitigen Aufgaben erfüllt und genügend Seelenwissen erworben haben, um zur nächsten Ebene aufzusteigen.

Vor dem Eintritt in ein neues Leben vereinbaren zwei Seelen einen »Seelenvertrag« miteinander. So könnte zum Beispiel Bob zu Mary sagen: »Du hast mich behütet und gepflegt, als ich krank war, als Nächstes werde ich dich behüten und pflegen.« Wenn Mary zustimmt, ist der Vertrag bindend. Sobald dieser Vertrag erfüllt ist, sind beide frei von weiteren seelischen Verpflichtungen.

Unterschreibe auf der gepunkteten Linie

Genau wie bei Verträgen im Geschäftsleben kann Unerwartetes geschehen. Nicht jede Seele hält ihren Teil der Abmachung ein oder sie bricht einen Vertrag. Dann ist sie dazu verpflichtet, die Vereinbarung so lange zu wiederholen, bis sie ihre Verpflichtungen erfüllt hat. Weil das Universum immer ein vollkommenes Gleichgewicht anstrebt, lässt es nicht zu, dass Schulden offenbleiben. Es verhält sich wie ein lästiger Schuldeneintreiber, der ständig anruft, bis man endlich bezahlt! Das Universum gibt dir den Vertrag so oft zurück, bis du deinen Teil der Abmachung abgearbeitet hast; dies betrifft auch Herzensangelegenheiten. Meine Großmutter sagte immer: »Gott ist zwar langsam, aber er kommt immer zur rechten Zeit.« Mit anderen Worten: Jeder erhält letztendlich das, was ihm ein anderer schuldig ist. Sie hatte so recht!

Lies das Kleingedruckte

Bevor man einen Vertrag unterschreibt oder eine Vereinbarung trifft, sollte man die Details kennen, um zu wissen, worauf man sich einlässt. Was ist aber, wenn eine oder mehrere beteiligte Personen die Vertragsbedingungen nicht akzeptieren oder sich ihrer nicht bewusst sind? Nicht alle Seelenverträge sind bindend für die ganze Zeit einer Inkarnation. Manche Menschen kommen einfach an, erfüllen ihre Verpflichtungen und ziehen dann weiter – genauso wie Züge, die in einen Bahnhof ein- und wieder ausfahren. Seelenverträge enthalten Bedingungen, die dir auf deinem Weg zu einer erleuchteten Existenz weiterhelfen, wenn die Zeit dafür gekommen ist.

Wir treffen uns wieder

Das ist jedem schon einmal passiert: Man sieht einen Mann oder eine Frau und ist hin und weg. Was wir als Liebe auf den ersten Blick interpretieren, ist in Wahrheit die heftige Reaktion der Seele, die eine Person wiedererkennt, mit der sie vor dem Eintritt in dieses Leben eine Vereinbarung getroffen hat.

Mach dir bewusst, dass du schon einmal hier warst und verpflichtet bist, die Seele wiederzuerkennen, mit der du in einem früheren Leben eine bestimmte Zeit verbracht hast.

Genau wie bei einem Déjà-vu empfinden wir ein Gefühl der Vertrautheit und meinen, etwas wiederzuerkennen.

Eine Verbindung aus einer früheren Inkarnation

Als ich meinen Mann Steve kennenlernte, war es für uns beide Liebe auf den ersten Blick. Erst sechs Monate nach unserer Begegnung erinnerte ich mich an die Rückführung in ein früheres Leben, der ich mich einige Jahre zuvor unterzogen hatte.

Im Trancezustand hatte ich ein kleines japanisches Dorf gesehen. Mit meinem Mann und drei Kindern befand ich mich in einer winzigen Hütte. Deutlich sah ich das Gesicht meines Mannes, und er erinnerte mich an jemanden, den ich kannte oder gekannt hatte, ich wusste aber nicht, woher. Ich wusste, uns drohte der Überfall durch die Samurai eines gegnerischen Dorfes, der Tod meines Mannes sowie meine und der Kinder Entführung. Während der Plünderung unseres Dorfes versteckte ich mich mit den Kindern, so gut es ging. Ich wollte meinen Mann nicht verlassen, weil ich mir sicher war, dass man ihn auf irgendeine Weise misshandeln würde. Er konnte uns nicht beschützen, und ich sah den Schmerz in seinen Augen, als er begriff, dass die Feinde ihm seine Familie rauben und wir nie wieder zusammen sein würden. Doch anders als erwartet, sah ich plötzlich einen Blitz, und meine Kinder lagen regungslos auf dem Boden. Mir wurde nicht gezeigt, was tatsächlich geschehen war, aber ich ahnte, dass ich mir ein Messer in den Bauch gestoßen und mich umgebracht hatte. Als ich aus der Trance erwachte, spürte ich den Schmerz über den Verlust meines Mannes und meiner Kinder. Mir erschien die Rückführung beängstigend und traurig. Ich war mir nicht sicher, warum mir diese schreckliche Szene gezeigt worden war.

Jahrelang hatte ich sie aus meinem Gedächtnis verdrängt, bis mir klar wurde, dass Steve der Mann war, den ich bei der Rückführung als meinen Ehemann gesehen hatte! Der Mann, der so am Boden zerstört war, seine Familie zu verlieren, war zurückgekommen, um es wieder gutzumachen. Seine Seele musste seine Familie finden und wieder zusammenführen; seine Seele wurde dazu getrieben, seine Verpflichtung gegenüber seiner Familie zu erfüllen. Es ist kein Zufall, dass Steves Großvater Japaner ist.

Soll ich bleiben oder gehen?

Mich rufen Klienten an, die sich in einer absolut miserablen Lage befinden, die unglückliche, von Eifersucht, Betrug und Missbrauch geprägte Beziehungen führen, und doch fällt es ihnen schwer, sich daraus zu lösen. Viele Lichtarbeiter verharren in oder suchen sogar nach gestörten Beziehungen.

Es gibt mehrere Gründe dafür, warum Lichtarbeiter sich so leicht in unglücklichen Beziehungen wiederfinden. Für einen Lichtarbeiter mit erhöhter Sensibilität kann das Leben ein Teufelskreis aus Höhen und Tiefen sein, weil er ständig versucht, die Ängste zu unterdrücken, die mit seinen übersinnlichen Wahrnehmungen einhergehen.

Wenn wir eine neue Liebesbeziehung beginnen, sind wir berauscht von den Gefühlen, die sie mit sich bringt. Hormone und andere chemische Verbindungen in unserem Organismus veranlassen uns, wie trunken zu lieben. Doch die

Realität ernüchtert uns. Der Lichtarbeiter ist süchtig nach den rauschartigen Gefühlen, die eine neue Romanze mit sich bringt, und sucht sie immer wieder. Doch diese kurzfristigen Hochphasen lindern das Leid eines unbewussten Lichtarbeiters nur kurz. Letztendlich bringen sie nur noch mehr Schmerz mit sich. Denn unterdrückte Ängste wird man nicht los, indem man sie verdrängt.

Problematisch ist es außerdem, dass Lichtarbeiter seelisch verwundete Menschen nicht nur anziehen, sondern sie regelrecht suchen. Der Wunsch, jedem zu helfen, bewirkt Überlastung und Erschöpfung, und folgerichtig fühlt sich der Lichtarbeiter dann irgendwann ausgenutzt. Er sehnt sich danach, um seiner selbst willen geliebt zu werden, und nicht, weil er immer auf Abruf ist, um zu helfen. Genau wie eine helle Glühlampe in einer Sommernacht zieht das helle Licht des Lichtarbeiters eine Menge Insekten an!

Zu erkennen, wer und was du bist, und der bewusste Umgang mit deinen erhöhten Fähigkeiten hilft dir, dein Heil nicht in immer neuen Beziehungen zu suchen. Achte auf Freundschaften und Kontakte, die nicht einseitig sind. Denk daran, wie wichtig Balance für einen Lichtarbeiter ist. Ohne dieses Gleichgewicht verliert er Konzentration, Orientierung und Glück. Wann immer du also das Gefühl hast, zu viel zu geben, verringert sich deine Lichtenergie, und es wird Zeit, in deinen Beziehungen entweder einen Ausgleich herzustellen oder sie zu beenden.

Den Partner heilen wollen

Meine langjährige Klientin Karen, eine Werbefachfrau aus Toronto und unbewusste Lichtarbeiterin, lernte über einen gemeinsamen Freund einen Mann namens Gary kennen. Sie rief mich an und erzählte mir, dass sie sich auf Anhieb gut verstanden und dass die Anziehungskraft zwischen ihnen magnetisch war. Das ging mehrere Monate lang so, und alles schien gut zu laufen. Ich beriet sie regelmäßig, wenn sie sich in der Beziehung unverstanden fühlte.

Karen war immer eine selbstbewusste und selbstständige Frau gewesen, aber manchmal vermittelte Gary ihr das Gefühl, einfach nicht gut genug zu sein. Etwa sechs Monate nach Beginn der Beziehung schienen sich die Dinge zum Schlechteren zu wenden. Gary begann, sich eifersüchtig, besitzergreifend und kontrollierend zu verhalten. Karen rief mich an und sagte mir, dass sie ihn zwar liebte, aber sie merkte, dass Gary übergriffig wurde. Es stellte sich heraus, dass er eine schmerzhafte Scheidung durchgemacht hatte, weil seine Ex-Frau ihn betrogen hatte. Sein Ego, sein Stolz und sein Selbstwertgefühl waren verletzt, und er versuchte verzweifelt, seine Probleme mit Karens Hilfe zu lösen. Gary fühlte sich zu Karen hingezogen wegen ihrer heilenden Lichtarbeiterenergie, und Karen fühlte sich zu Gary hingezogen, weil er verletzt war und weil sie als Lichtarbeiter immer andere heilen wollte.

Karen merkte bald, dass sie Garys Wunden nicht heilen konnte, egal was sie tat. Er würde sich selbst darum kümmern müssen. Sie wollte sich nicht von ihm trennen, spürte aber, dass die Beziehung ihr Leben nicht bereicherte, sondern eher zu einer Belastung für sie wurde. Letztendlich entschied sie sich, die Beziehung zu beenden, weil sich die durch sie ausgelöste Unausgewogenheit auf ihr ganzes Leben auswirkte. Ich unterstützte ihre Entscheidung und half ihr durch den Prozess der Trennungstrauer. Karen erkannte, dass sie in ihrer Beziehung weniger die Partnerin als die Lichtarbeiterin gewesen war, die Gary heilen wollte.

In einer ausgewogenen Beziehung sollte man aber nicht versuchen, den verletzten Partner zu heilen; es sollte ein ausgeglichener Austausch von Liebe und Unterstützung sein. In diesem Fall habe ich Karen unterstützt; aber meine Vorschläge für eine Beziehung hängen normalerweise von der Tiefe einer Beziehung ab. Wenn sie problematisch ist, wie bei Karen und Gary, kann ich ihnen raten dabeizubleiben und Wege aus dem Chaos aufzeigen. Ist das Leben der Partner so miteinander verflochten, dass eine unkomplizierte Auflösung unvorstellbar ist (Kinder, finanzielle Verpflichtungen), kann ich andere Vorschläge machen. Aus Karens Readings wusste ich, dass sie sich mit einer anderen Seele für Ehe und Kinder zusammengetan hat. Je länger sie die Beziehung mit Gary aufrechterhielt, desto mehr verzögerte sie die Ankunft des von ihr gewählten Ehepartners in ihrem Leben. Es war ihr freier Wille. Der Mann, den sie heiraten wollte, würde warten müssen, bis sie die Tatsache akzeptierte, dass sie Gary nicht heilen konnte und ihn gehen ließ.

Wie erkenne ich, wann ich loslassen muss?

Diese Frage wird mir immer wieder gestellt. Die Antwort lautet, dass wir viele Zeichen erhalten (erinnere dich an deine Lichtarbeitergabe der gesteigerten Wahrnehmung), doch wir weigern uns, sie zu sehen. Würden wir unsere Situation offen und ehrlich betrachten, dann müssten wir einsehen, dass wir unsere Kraft verschwenden und längst wissen, dass es an der Zeit ist, uns zu verabschieden. Wir haben viele Werkzeuge, die uns auf den von uns gewählten Wegen leiten. Deine Fähigkeiten als Lichtarbeiter können dir durch den Hindernisparcours deiner Beziehungen helfen.

Wir müssen die Unterschiede zwischen den Beziehungen erkennen: Welche dürfen wir aufrechterhalten (Lebenspartnerschaft), und welche verdanken wir nur der Tatsache, dass wir entweder ein unbewusster Lichtarbeiter oder ein Partner in einem Seelenvertrag sind? Jede Beziehung kann sich euphorisch anfühlen, jede könnte dir das Herz brechen, und alle sind für deinen spirituellen Fortschritt gedacht. Hier kannst du die beiden Formen von Beziehung miteinander vergleichen:

Seelenvertrag/Beziehung eines unbewussten Lichtarbeiters	**Lebenspartnerschaft**
Könnte sich anfühlen wie Liebe auf den ersten Blick.	Könnte sich anfühlen wie Liebe auf den ersten Blick.
Könnte für eine gewisse Zeit sehr leidenschaftlich sein.	Könnte für eine gewisse Zeit sehr leidenschaftlich sein.
Die Beziehung könnte für eine kurze Zeit glücklich sein.	Die Beziehung könnte sich stabilisieren.
Die Beziehung könnte co-abhängig sein.	Die Beziehung ist ausgeglichen.
In der Beziehung könnte es zu Gewalt kommen.	Die Beziehung bereichert dein Leben.
Die Beziehung könnte dich depressiv machen.	Die Partner sind zufrieden.
Die Beziehung könnte dich emotional auslaugen.	Die Partner fühlen sich sicher.
Die Beziehung könnte dich frustrieren.	Du kümmerst dich um deinen Partner, wenn er in Not ist.

Seelenvertrag/Beziehung eines unbewussten Lichtarbeiters	Lebenspartnerschaft
Die Beziehung hindert dich am Erreichen deiner wahren Ziele.	Dein Partner kümmert sich um dich, wenn du in Not bist.
Eifersucht und Betrug könnten Bestandteil der Beziehung sein.	Die Partner unterstützen sich gegenseitig beim Manifestieren ihrer Träume.
Du hast das Gefühl, dein Partner respektiert dich nicht.	Die Partner arbeiten daran, ein gemeinsames Leben aufzubauen, nicht das Leben des anderen zu zerstören. Miteinander fühlen sie sich vollständig.
Du fühlst dich missverstanden.	
Du meinst, die Sache beenden zu müssen.	

Wie du siehst, beginnen die beiden Beziehungsformen identisch, enden aber ganz verschieden. Mach dir möglichst früh bewusst, in welcher Art von Beziehung du dich befindest, bevor Schaden entsteht oder du dir ein Loch gräbst, aus dem du nicht herauskommst. Wenn wir wirklich ehrlich zu uns selbst sind, kann es sehr einfach sein, zwischen den beiden Arten von Beziehungen zu unterscheiden.

Wie sich das Ego in den Weg stellen kann

Die Seele kennt immer ihren Weg und wird alles tun, um ihm zu folgen. Unser Geist hingegen weiß zwar, welchen Weg er nehmen sollte, doch er muss gegen eine mächtige Kraft ankämpfen: gegen unser Ego. Das ist es, was uns in diesen Beziehungen des Lernens gefangen hält und uns daran hindert, das zu manifestieren, was wir uns wirklich wünschen. Das

Ego, verletzt und angstgesteuert, sammelt all unsere Lebenserfahrungen, Wunden, Schmerzen oder Unsicherheiten und konfrontiert uns in den unpassendsten Momenten damit. So fühlen sich die meisten von ihrem Ego dazu gedrängt, nach einem Lebenspartner zu suchen, und sind bereit, die Wahrheit zu verdrehen, nur um erfolgreich zu sein.

Jenna war eine vierzigjährige Anwältin, die mich wegen eines Readings anrief. Sie war liiert mit einem verheirateten Kollegen, der seine Frau ganz sicher bald für sie verlassen wollte, denn das hatte er ihr im letzten Jahr hoch und heilig versprochen. »Warum tust du dir das an?«, fragte ich sie. »Willst du wirklich einen Mann in deinem Leben, der Frau und Kinder hat? Willst du überhaupt wirklich eine Beziehung?«

Jennas Eltern hatten sich im Verlauf ihrer Kindheit scheiden lassen, und seither hatte sie fast schon Todesangst vor der Liebe. Auf einer tieferen Ebene verbrachte sie die meiste Zeit ihres erwachsenen Lebens damit, Männer auszuwählen, deren Probleme so kompliziert waren, dass eine Beziehung mit ihnen unmöglich schien. Als Anwältin war Jenna es gewohnt, vor Gericht gegen harte Gegner vorzugehen. War bei einem Mann eine andere Frau im Spiel, zum Beispiel die Ehefrau, dann verlangte Jennas Ego von ihr, diesen Mann für sich einzunehmen. Wir mussten ihre Probleme von einer spirituellen Ebene aus betrachten, um herauszufinden, warum sie sich derart selbst schadete. Bevor sie mir von der schwierigen Ehe ihrer Eltern erzählte, setzte ich mich mit ihr zu einem Reading zusammen, und die erhaltenen Antworten machten mir einiges klar.

»Ich sehe einen Vater. Er geht zur Tür hinaus anstatt zur Tür herein«, sagte ich.

»Ich sehe eine Mutter, die weint«, fuhr ich fort.

Ich erkannte Jennas tiefen Schmerz und konnte ihre lebenslange quälende Vorstellung nachempfinden, dass Männer nicht bleiben, sondern immer den nächstbesten Fluchtweg suchen. Deshalb entschied sich Jenna stets für unerreichbare Männer, weil sie sich auf der unbewussten Ebene sicher war, dass keiner jemals bei ihr bleiben würde. Weil sie sich dessen gewiss war, dass jede Beziehung von Anfang zum Scheitern verurteilt war, war sie auf der tiefsten Ebene unverletzbar.

Ein weiteres Reading führte ich mit Lydia durch. Sie sprach nicht viel, saß nur auf dem Sofa und meinte, sie fühle sich niedergeschlagen.

»Du hast Probleme mit deinem Vater«, sagte ich.

»Ich habe meinen Vater nie kennengelernt«, antwortete sie. »Er ging, bevor ich geboren wurde.«

»Und jetzt hat dich ein anderer Mann verlassen, und deshalb bist du hier«, sagte ich.

Ihre tief verwurzelten Verlassenheitsgefühle rückten wieder in den Vordergrund, als ihr Mann nach zehn Ehejahren verkündete, dass er sich scheiden lassen wolle und eine neue Freundin habe.

»Lydia, was du nicht bewusst wahrnimmst, ist die Tatsache, dass du bereits mit Verlassenheitsgefühlen zur Welt gekommen bist«, sagte ich. »Deine Seele kam verwundet hierher, wissend, dass ein Teil deines Lebens fehlen würde.« Lydias Mutter liebte sie zwar, aber auf der geistigen Ebene hatte sie große Angst vor Männern und ihren Intentionen. Das Interessante an unserer Sitzung war die Tatsache, dass der Abgang ihres Mannes wohl zu erwarten gewesen war. Ihre Probleme mit ihrem Vater blieben jedoch ungelöst.

»Ich habe erst jetzt gemerkt, wie sehr ich meinen Vater vermisse, was mir seltsam vorkommt, weil ich ihn doch nie kennengelernt habe«, sagte sie. »Ich glaube, ich muss mich erst einmal mit diesem Zusammenhang auseinandersetzen, bevor ich weitermache kann.« Leider hatte Lydias Mann sie auch deshalb betrogen und verlassen, weil sie unbewusst immerzu mit ihren tiefer liegenden Qualen beschäftigt war.

»Ich habe mich im zweiten Jahr unserer Ehe emotional von meinem Mann entfernt«, sagte sie. »Tief im Inneren hatte ich das Gefühl, dass ich in einer engen Mann-Frau-Beziehung nie wirklich glücklich sein würde, also löste ich mich, bevor er es tun konnte.« Fast handelte es sich um einen sich selbst erfüllenden Wunsch. Sie nahm ihre liebevolle Energie aus der Beziehung, und ihr Mann fühlte sich verlassen. Er hielt noch einige Jahre durch, aber nachdem er vergeblich darauf gewartet hatte, dass seine Frau zu ihm zurückkehrte, suchte er anderswo nach Liebe. Lydia hatte ihn regelrecht in die Rolle ihres Vaters gezwungen.

Wenn Lydia alle Schichten ihres Egos abtragen und zu ihrem wahren spirituellen Selbst gelangen könnte, würde sie bestimmt ihren Weg finden. Das Ego liebt es, unserem Glück derartige Hindernisse in dem Weg zu werfen, vor allem in Beziehungen. Wir müssen die Mittel finden, um diese Hindernisse auszuräumen, und auf unser spirituelles Selbst hören statt auf unser verwundetes Ego. Hier ist es wiederum wichtig, die vorhandenen erhöhten Fähigkeiten zu nutzen, besonders die Gabe der erhöhten Wahrnehmung, und die Augen für Zeichen offen zu halten. Wenn wir wirklich auf die Führung hören, die immer für uns da ist, könnten wir den Weg zu unserem Lebenspartner finden.

Einen Seelenverwandten »bauen«

Ach, wenn man doch nur in einen Seelenverwandtenladen gehen und ein paar Häkchen in einer Liste machen könnte ... Du könntest zum Beispiel schreiben: »Ich suche jemanden, der groß ist, dunkle Haare hat, gut aussieht, humorvoll ist und Filme mit Adam Sandler mag. Oh, er muss auch Kinder und Katzen lieben.« Es gibt Datingportale, die versprechen einen Seelenverwandten, wenn man nur eine Reihe komplizierter Fragen beantwortet, die der Computer dann verarbeitet. Er könnte in Alaska leben, während du in New Jersey wohnst, aber die gute Nachricht ist, dass er da draußen auf einem schneebedeckten Berg steht und nur auf dich wartet. Und er mag Katzen.

Gespenster aus früheren Beziehungen

Häufig werden neue Beziehungen durch frühere Erfahrungen negativ beeinflusst. Dann steigt die Verwirrung, und positive Gefühle können sogar einschlafen. Die unverheilten Seelenwunden unserer Vergangenheit müssen wir erst heilen, sonst werden sie uns immer wieder neue Schmerzen bereiten.

Wenn ein früherer Partner dich betrogen hat, dann könnte sich eine Welle der Eifersucht über dich ergießen, nur weil dein neuer Begleiter im Supermarkt freundlich mit der Kassiererin spricht. Vielleicht war dein Selbstwertgefühl schon immer gering, und du kannst nicht glauben, dass du ein liebenswerter Mensch bist. Unbewusst tust du alles, damit die neue Beziehung entgleist und deinen Erfahrungshorizont bestätigt. Dann kannst du dich zurückziehen und dein Herz vor kommenden Verletzungen schützen.

Ich hatte eine Klientin aus Detroit, die sehr verliebt in einen Mann war, der gleich bei ihr um die Ecke wohnte. Nach vielen Jahren, in denen es nur freundschaftliche Gespräche und ein bisschen Flirten gab, gestand er ihr, dass er sie liebte ... seit Jahren. Sie hatten einen glücklichen Sommer, bis sie plötzlich beschloss, ihn zu verlassen. Er wusste nicht, was passiert war, und fragte sich, ob ihr vielleicht seine Wohnung oder sein Auto nicht gefiel. Doch damit lag er vollkommen falsch. Sie hatte sich zurückgezogen, um ihm zuvorzukommen, weil sie nicht glauben konnte, dass etwas so Schönes von Dauer sein würde.

Alte Gespenster verjagen

Wir alle sind schon einmal durch eine Liebesbeziehung verletzt worden. Wie heilt man solche Wunden, um wieder gesunde neue Beziehungen eingehen zu können? Die dunkle Energie einer beendeten Beziehung wird sicherlich die nächste infizieren. Deshalb ist es so wichtig, das Ego und den Geist zu heilen und zu reinigen, bevor wir die nächste Beziehung aufnehmen. Vielleicht hast du in deinem Bekanntenkreis jemanden, der schön, erfolgreich und lustig ist, aber dennoch keinen Partner findet oder nur kurz andauernde Beziehungen zustande bringt. Vom spirituellen Standpunkt aus betrachtet, wird deutlich, dass die Person potenzielle Verbindungen falsch eingeschätzt hat.

Ich glaube, dass das Universum einen oder viele Seelenverwandte für dein gegenwärtiges Leben bereithält. Das schließt nicht aus, dass du auch mit anderen Partnern Beziehungen eingehen wirst, aber sie sind flüchtig, weil die Partner dir nicht geben können, was du letztendlich brauchst oder willst. Mit anderen Worten: Es ist einfach nicht der Partner dabei, mit dem du gemeinsam deinen Weg gehen sollst.

Meine Klientin Mary ist eine dreißigjährige Lehrerin, die sehr beziehungsorientiert, aber durch ihre derzeitige Trennung ziemlich durcheinander ist. Für sie sah es so aus, als sei Tim der Richtige für sie. Er war Wirtschaftsprüfer mit einer vielversprechenden Zukunft. Sie gingen ein Jahr lang miteinander aus, machten zusammen ein paar Urlaube und lernten sogar ihre Familien kennen. Aber zwischen ihnen schien es eine unsichtbare Wand zu geben, denn Tim wollte nicht über eine gemeinsame Zukunft sprechen, und Mary war zu ängstlich, um es anzusprechen. Als er ihr schließlich gestand, dass er sie zwar liebe, aber nicht »verliebt« in sie sei, war sie am Boden zerstört. In der Folge vereinbarte sie einen Termin mit mir.

»Aber ich liebe ihn«, sagte sie unter Tränen. »Ich war mir sicher, dass er mir einen Heiratsantrag machen würde.« Wir gruben ein wenig tiefer, und ich fand heraus, dass Mary mit Tim zur »Ziellinie« wollte, um den Ring, das Haus und die Familie zu bekommen, doch als sie einen Moment innehielt, um zu überlegen, ob Tim wirklich der Richtige war, zögerte sie. »Er hat einen tollen Job und eine nette Familie«, sagte sie. »Das passte alles.«

Mir war klar, dass Mary wie viele andere alleinstehende Frauen keinen Mann aufgeben wollte, der eine vernünftige Wahl zu sein schien. Wie oft im Leben gab es in einem Meer aus Männern jemanden wie Tim? Das ließ ihn wie einen Prinzen erscheinen. Aber nur weil jemand gut aussieht oder eine »vernünftige Wahl« zu sein scheint, heißt das noch lange nicht, dass er oder sie auf der spirituellen Ebene unser Lebensgefährte ist. Frag dein Herz, und grabe in deiner Seele, um die nachfolgende Frage zu beantworten: »Ist dieser Mensch mir auch auf der tiefsten spirituellen Ebene als mein Partner zugedacht?«

Natürlich wünschen sich die meisten Menschen, mit einem Partner durchs Leben zu gehen, und würden alles tun, um dieses Ziel zu erreichen. Das Beispiel meiner Klientin Lydia zeigt, dass sie das Weggehen ihres Mannes nahezu durch ihre Gedanken und ihr Gefühl tiefer Unsicherheit manifestierte. Aufgrund eines Ereignisses, das vor ihrer Geburt lag, war sie nie zufrieden. Erst, nachdem sie diese Zusammenhänge durch unser Reading erkannt hatte, konnte sie den Kampf gegen ihre Dämonen aufnehmen. Das Bewusstsein für ihre tief sitzenden Unsicherheiten stand ihr direkt ins Gesicht geschrieben.

Sie konnte sich heilen. Eines Tages würde es ihr auch wieder gelingen, zu lieben, ohne in jedem Mann einen potenziellen Verräter und Deserteur zu sehen. Nachdem sie mit ihrem intuitiven Berater und mit mir zusammengearbeitet hatte, war sie offen für wunderbare Ereignisse.

Zwei Jahre nach der Scheidung traf sie einen alleinerziehenden Vater beim Kuchenverkauf in der Schule ihrer Tochter. Er fummelte an einem Tablett mit Muffins herum, die sie gerade bestmöglich arrangierte, um den schrecklichen Zuckerguss zu verbergen, der das Produkt eines geplagten Elternteils war, der versucht hatte, zehn Millionen Dinge gleichzeitig zu erledigen. Es stellte sich heraus, dass seine Frau vor drei Jahren verstorben war. Beide hatten ein wenig Angst vor der Liebe und beschlossen erst einmal, nur Freunde zu sein. Zwei Jahre später waren sie verheiratet.

Diese Geschichte zeigt, dass es kein Patentrezept für eine Lebenspartnerschaft (oder Ehe) gibt, dass sie aber möglich ist, wenn wir auf bestimmte Hinweise achten, die wirklich sehr offensichtlich sind.

Bringe in Beziehungen deine Lichtarbeitergaben zum Einsatz:

- Sensibilität
- Intuition
- Erkenntnis
- Empathie
- Glaube.

Denk auch daran, dass nicht alle Liebesbeziehungen gleich Eheversprechen sind, sondern auch tiefer spiritueller Natur sein können. Wenn wir die Art unserer Beziehung wirklich akzeptieren, uns aus den richtigen Gründen auf sie einlassen und uns von unseren erhöhten Lichtarbeiterfähigkeiten leiten lassen, dann gelingt uns auch der nächste Schritt auf unserem Weg, der uns letztendlich zu einem glücklichen Leben und einer erfüllenden Beziehung führt.

Jede Person, die in dein Leben kommt, erfüllt einen Zweck. Lebe, lerne, liebe und denk daran, dass keine Verbindung mit einer anderen Seele jemals umsonst ist.

Teil IV:

Der Tod ist nur ein Übergang

Kapitel 13:

Der Wandergeselle und die tödliche Lehrzeit

Wie wir bereits besprochen haben, ist unser spirituelles Selbst ständig auf der Suche nach Erleuchtung, spiritueller Reinheit, nach Erweiterung der Lichtenergie. Selbst als Lichtarbeiter auf unserem spirituellen Weg ist es unser höchstes Ziel, mehr bedingungslose Liebe, Licht und Weisheit zu erlangen.

Auf unserem Weg vorwärts ist es hilfreich, eine bewusste Vorstellung vom Gesamtbild zu haben. Denk immer daran, dass dieses Leben nur ein kleines Stück des Mosaiks von deinem ewigen Selbst ist. Wenn du die Kraft der Gegenwart verstehst – was in deinem Leben jetzt geschieht und wie es sich später auf dich auswirken wird –, kannst du deine spirituelle Entwicklung für dieses und für weitere Leben planen. Die Vorstellung, dass wir schon einmal hier waren und wahrscheinlich eines Tages wieder zurückkehren werden, verändert unsere Perspektive auf das Leben. Als Seelen sind wir ewige Reisende; in unserer sterblichen Hülle sind wir Wandergesellen.

Auf der Erdenebene wird von uns erwartet, dass wir unseren Lichtkreis erweitern, indem wir Lektionen lernen und Herausforderungen bewältigen, die es uns ermöglichen, irgendwann aufzusteigen. Wir fragen uns oft, warum wir mit Schwierigkeiten und Nöten konfrontiert werden, aber es geht nicht um die Situationen, die wir ertragen müssen. Es geht darum, sie jeden Tag mit Liebe und reinen Absichten zu ertragen und Dankbarkeit zu lernen, auch wenn der Lernprozess noch so schmerzhaft sein mag. Die Gefahr besteht allerdings darin, dass wir stattdessen immer tiefer in der dunklen Energie versinken, die uns umgibt. Durch jede Hürde, die wir nehmen, erweitern wir unser Licht und das der Gemeinschaft. So sammeln wir jenes benötigte Seelenwissen, um auf die nächste Ebene unserer Reise zu gelangen. Jedes Leben und jede Ausbildung ist eine Chance, dem herrlichen Ort der Liebe, des Lichts und der Weisheit näherzukommen.

In unserer Seele befindet sich eine Bibliothek reichen Wissens und umfassender Erfahrungen. Sie ist tief im Innersten unserer selbst verborgen, doch können wir jederzeit auf sie zugreifen. Unser erworbenes Seelenwissen bringen wir von einem Leben ins nächste mit. Was wir uns einmal angeeignet haben, geht nie verloren; wir treten in diese Welt ein, ausgerüstet mit all den Erfahrungen, die unsere Seele bei ihren bisherigen Inkarnationen gesammelt hat, und sind bereit, noch mehr zu lernen.

Viele von uns »wissen« manches und können sich nicht erklären, woher. Dieses Wissen stammt aus dem Seelengedächtnis, und wir erinnern uns an etwas, das wir bereits gelernt haben. Wir tragen Erfahrungen aus früheren Leben,

Traumata und Triumphe in uns. Auch die Liebe, die wir für andere empfinden, verlieren wir nie. Nicht die kleinste Menge Weisheit, Not oder Liebe kommt uns auf der Seelenreise abhanden oder wird verschwendet. Die auf der Erdenebene und über sie hinaus gemachten Erfahrungen sind für immer ein Teil des Gewebes unserer Seele, ein so mit der Gemeinschaft verflochtener Teppich, dass der Ort, an dem unser Geist endet und das Universum beginnt, nicht klar zu ermitteln ist. Deshalb sehen wir die Weisheit von Äonen, wenn wir in die Augen eines Neugeborenen blicken.

Die Reise des Übergangs

Irgendwann ist unsere sterbliche Lehrzeit abgeschlossen, unser Korb ist randvoll mit den Früchten unserer Arbeit auf der Erde, und der Geist löst sich langsam vom Körper. Weil der physische Körper nicht für die Dauer gedacht, unsere Seele aber unsterblich ist, steht am Ende ein Prozess der Ablösung, der sich als Krankheit oder Alter manifestiert. Der Übergang geschieht nicht plötzlich. Er kann Jahre, Monate oder Wochen dauern, je nachdem, wie schnell die Seele sich aus der physischen Erfahrung verabschieden will; aber die Entscheidung über den Zeitpunkt des eigentlichen Übergangs trifft die Seele selbst. Ihr Lernprozess ist dann abgeschlossen, und sie ist bereit, ihre Reise andernorts fortzusetzen. Für diejenigen, die noch nicht genug Wissen gesammelt haben, um diese Ausbildung zu beenden, kann es schwierig und schmerzhaft sein, den Übergangsprozess zu verstehen.

Ich werde nie den jungen Ehemann vergessen, der seine schwangere Frau bei einem tragischen Autounfall verlor. Der Schock und die Trauer über das Geschehene waren so stark, dass er sein Weiterleben kaum ertrug. Er vernachlässigte seinen Beruf und bezahlte die Rechnungen nicht mehr. Nach dem Tod von Frau und Kind geriet sein Leben außer Kontrolle, da seine Trauer seine gesamte Existenz besetzte. Er quälte sich mit dem Gedanken, dass er die Geburt seines Sohnes nie hatte erleben dürfen und dass seine Frau und sein Kind in ihren letzten Momenten gelitten hatten. Ich war sein »letzter Ausweg«, wie er sagte. Wir setzten uns, und sofort spürte ich die Gegenwart seiner jungen Frau, die so tragisch ums Leben gekommen war.

Sie erschien mit einem Säugling in einer blauen Decke. Sie lächelte und nickte mit dem Kopf, als wolle sie ihrem Mann versichern, dass sie beide gut in der geistigen Welt angekommen waren. Dann drängte sie ihn, weiterzumachen und sich an das Versprechen zu erinnern, das er ihr gegeben hatte. Als ich die Nachricht überbrachte, schaute er ungläubig drein. Wie sich herausstellte, hatte er ihr in ihren letzten Tagen im Krankenhaus das Versprechen ins Ohr geflüstert, dass er sie nie vergessen würde und dass sie eines Tages im Himmel wieder eine Familie sein würden. Als sie ihn an das Versprechen erinnerte, wusste er, dass er es einlösen würde, denn nun war er sicher, dass seine Frau und sein Kind darauf warteten, dass sie eines Tages wieder vereint sein würden. Er konnte sich an diesem Tag verabschieden und spürte, dass etwas abgeschlossen war. Am nächsten Tag ging er zur Arbeit und erlangte langsam die Kontrolle über seine Leben zurück.

Wenn ein geliebter Mensch in die geistige Welt übergeht, fragen wir immer nach dem Warum. Wir fühlen uns von Gott und von unserem Liebsten verraten. Wir mögen es leugnen oder uns weigern, es zu akzeptieren; unser Schmerz füllt uns ganz aus, und wir fühlen uns unvollständig. Es scheint keine Antworten zu geben, niemanden, den man verantwortlich machen könnte, und irgendwann gelangen wir zu der Einsicht (wie auch immer wir es anstellen), dass das Leben hier auf der Erde weitergehen muss und uns keine andere Wahl bleibt, als unseren Fokus in eine andere Richtung zu lenken und unsere eigene Reise fortzusetzen.

Selten begreifen wir die hinübergegangene Seele als Herrin über ihr eigenes Schicksal oder feiern ihre Entscheidung weiterzuziehen. Weil wir selbst über unsere Reise entscheiden dürfen, wählen *wir* den Zeitpunkt, wann wir die Erdenebene verlassen. Wenn unsere Lehrzeit zu Ende ist, sind wir frei, befreit von den Zwängen unseres physischen Körpers und frei, die Erdenebene ohne uns selbst darin zu sehen.

Wenn eure Ausbildung abgeschlossen ist, wird euch die Erlaubnis erteilt, eure Reise auf einer anderen Ebene fortzusetzen. Leiden und Krankheit machen müde, und eine Seele, die sich nach Freiheit sehnt, trifft die mutige Entscheidung, zu gehen. Wenn die Seele ihr Licht genügend ausgedehnt hat, ist sie bereit, die nächste Reiseetappe anzugehen. Was sie erlebt, ist kein Ende, sondern ein Neuanfang. Der Tod ist nur ein Übergang.

Kapitel 14:

Das Medium – die Verbindung mit der anderen Seite

Ein Medium kann mit den Seelen kommunizieren, die sich in der geistigen Welt aufhalten. Es stellt die Verbindung zwischen den beiden Welten her. Unsere geliebten Verstorbenen sind nie weit von uns entfernt – normalerweise befinden sie sich auf der Astralebene –, und Kommunikation ist immer möglich. Medien und Hellseher sind nicht identisch: Der entscheidende Unterschied besteht darin, dass sie Informationen aus zwei unterschiedlichen Quellen erhalten. Ein Medium tritt mit der Essenz einer Seele, dem ätherischen oder energetischen Selbst der verstorbenen Person in einen Dialog.

Die beteiligte Seele kann schon gut angepasst und kommunikationsfähig sein oder sie ist verwirrt, verängstigt und gefangen in einer Zwischenwelt. Das Medium hat die schwierige Aufgabe, Botschaften zu übersetzen, die vielleicht nicht immer klar sind. Das Medium heilt sowohl die Seele als auch die Person ihr gegenüber, und dafür sind Fingerspitzengefühl und Sorgfalt erforderlich.

Eine Seele ist nicht plötzlich allwissend und übersinnlich. Ihre Persönlichkeit ist noch dieselbe wie zu Lebzeiten. Erwarte also nicht, dass der verstorbene Onkel Frank dir deine Zukunft vorhersagt, und sei nicht schockiert, wenn er noch immer die Witze erzählt, die du bereits jedes Jahr an

Weihnachten gehört hast. Tatsächlich sind diese Witze der Beweis dafür, dass der Gesprächspartner tatsächlich Onkel Frank ist!

Es mag wahr sein, dass Onkel Frank ein wenig mehr sehen kann als wir und die Dinge aus einer anderen Perspektive betrachtet, aber sein Tod macht ihn nicht zu einem erleuchteten Wesen. Die Essenz von Onkel Frank ist immer noch der Onkel Frank, den du gekannt hast. Er kann sich in der geistigen Welt zwar weiterentwickeln, aber er behält immer die Eigenschaften bei, die du an ihm kanntest und mochtest.

Mein Klient Bob verlor seinen guten Freund Gil, als er im Alter von fünfzig Jahren an einem Herzinfarkt starb. Gil war schon immer ein Spaßvogel gewesen, der es liebte, seine guten Freunde »reinzulegen«. Nach Gils Tod konnte Bob kaum glauben, dass ihm da jemand kleine Streiche spielte, es war ja niemand »da«. Dann musste Bob lachen und dachte an eine Person: Gil. Auch auf der anderen Seite hatte sein Freund seinen Sinn für Humor nicht verloren!

Der klare Kanal des Lichtarbeiters

Aufgrund ihrer natürlichen Medialität steht Lichtarbeitern ein klarer Kanal für die Kommunikation mit der geistigen Welt zur Verfügung. Viele Lichtarbeiter erhalten plötzlich Botschaften und verstehen dann vielleicht nicht, was mit ihnen geschieht. Wenn du jemals im Traum mit einem verstorbenen Menschen gesprochen hast, sein Parfüm gerochen oder seine Stimme in deinem Kopf gehört hast, dann hast du dich dazu deiner medialen Fähigkeiten bedient. Das mag dem einen wunderbar erscheinen, der andere hingegen, vielleicht ein unbewusster Lichtarbeiter, fühlt sich durch die ungebetenen Nachrichten von der anderen Seite belästigt. Letzteres lässt sich mit einfachen Methoden vermeiden.

Setze dir höhere Ziele

Wenn du deine Medialität nutzen willst, dann muss es dein Ziel sein, alle Beteiligten zu heilen und sie zu erleuchten. Medialität ist kein toller Trick oder Verstärker für das eigene Ego. Es gibt viele Wege, um mit den Verstorbenen in Verbindung zu treten, doch alle Wege müssen zum höchsten Wohl aller dienen.

Nehmen wir zum Beispiel das Ouija-Brett. Es ist nichts Böses, lediglich ein Hilfsmittel für ein Medium, denn es kann die Kommunikation mit den Seelen erleichtern. Dennoch begegnen viele Menschen dem Ouija-Brett mit Misstrauen oder Furcht. In den frühen Sechzigerjahren wurde es als Spiel verkauft. Kinder oder Menschen mit falschen Absichten bekamen es in die Hände und zogen Geister mit denselben fehlgeleiteten Absichten an. Bevor du mit einem Ouija-Brett arbeitest, musst du den Vorgang segnen und dich abschirmen. Wer sich nicht abschirmt und jede Channeling-Methode auf die leichte Schulter nimmt, zieht Wesen an, die böse Spiele spielen wollen, die gerne Menschen erschrecken, die sie gerufen haben, oder, noch schlimmer, sich an sie anheften.

Ausgeglichen bleiben

Die Qualität und das Niveau eines Jenseitskontaktes hängen sehr stark vom emotionalen Zustand des Mediums ab. Wer mit der anderen Seite kommunizieren will, muss ausgeglichen und frei von emotionalen Zwängen sein, die ein skrupelloser Geist ausnutzen könnte. Ein Lichtarbeiter im instabilen emotionalen Zustand kann Wesen herbeirufen, die kontrollieren, manipulieren oder erschrecken wollen.

Denk daran, dass dein Allgemeinzustand dein Energiefeld beeinflusst, und wenn dein Energiefeld sehr dunkel ist, dann solltest du am besten auf Kommunikation verzichten, sonst läufst du Gefahr, Wesen mit dunkler Energie anzuziehen.

Carolyn befasste sich intensiv mit Metaphysik und Medialität. Sie hatte einige emotionale Probleme und litt an einer unbehandelten Zwangsstörung. Sie und ihr Mann begannen, das Ouija-Brett als tägliches Orakel zu verwenden. Der Mann hatte Depressionen und war drogenabhängig gewesen, nun aber war er gesund und suchte nach Erleuchtung. Täglich holten sich die beiden mithilfe des Ouija-Bretts Botschaften und wurden bald süchtig danach. Sie sprachen jeden Tag mit dem gleichen Geist, und ihr Vertrauen und ihre Zuversicht wuchsen. Eines Tages verkündete der Geist, dass er Jesus Christus sei, und sagte ihnen, dass sie ihr Haus verlassen müssten, weil Satan sie dort finden würde. Carolyn und ihr Mann waren Menschen mit zahlreichen persönlichen Problemen und leicht zu erschrecken. Der Geist fand heraus, wie er das Paar unter seinen Einfluss bringen und ihm Angst einjagen konnte, und schickte sie auf eine einwöchige Reise von New Jersey nach Florida, wo sie vor Satan um ihr Leben rannten.

»Bleibt nicht im Holiday Inn, Satan ist da drin!«, warnte der Geist.

»Geht nicht in diesen Schnellimbiss, er sitzt da drin und wartet auf euch.«

Sie gerieten in Panik, fuhren im Kreis herum und lauschten diesem kontrollierenden und durchtriebenen Geist, der ihre Ängste ausnutzte. Schließlich rief mich Carolyn aus Florida an, um mich um Rat zu fragen: »Jesus ist auf dem Ouija-Brett, und er sagte, dass das schwarze Kätzchen meiner Nichte vernichtet werden muss, weil es von Satan ist. Danach erst dürfen wir nach Hause zurückkehren.«

»Jetzt warte mal!«, sagte ich zu ihr. »Benutze deinen gesunden Menschenverstand. Glaubst du, Jesus Christus würde dir sagen, du sollst ein unschuldiges Kätzchen töten?«

Nach einer langen Diskussion konnte ich sie davon überzeugen, das Brett wegzuwerfen und die lange Fahrt zurück nach New Jersey anzutreten. Es war eine beängstigende Erfahrung für das Paar und ließ sie erschüttert und verzweifelt zurück.

Dies ist nur ein Beispiel für die schrecklichen Folgen, die zu erwarten sind, wenn emotional instabile Menschen medial arbeiten. Mediales Arbeiten soll erleuchten und heilen, niemals zerstören. Carolyn und ihr Ehemann hatten noch einige Themen zu bearbeiten, bevor sie es jemals wieder versuchen durften, mit der geistigen Welt zu kommunizieren.

Entwickle deine Fähigkeiten

Meine ersten Erfahrungen mit Medialität machte ich im Alter von drei Jahren, als die Seele meines verstorbenen Onkels auf sehr sanfte und spielerische Weise zu mir kam.

Kinder haben die natürliche Neigung, über das Physische hinauszusehen, weil sie so unbefangen und aufgeschlossen sind. Das Gespräch mit ihm war so natürlich wie Atmen.

»Sag deiner Mutter, dass ich sie liebe«, sagte er.

»Das werde ich«, versprach ich. »Bitte komm mich wieder besuchen.«

Das tat er mehrmals, als ich noch ein kleines Mädchen war, und schaute in den frühen Morgenstunden in mein Zimmer, um mich wissen zu lassen, dass er auf der anderen Seite zwar glücklich, aber trotzdem die ganze Zeit bei uns war. Diese Begegnung lehrte mich früh, den Tod nicht zu fürchten, sondern ihn als Übergang zu begreifen. Für mich als Kind war die Kommunikation mit Verstorbenen sehr natürlich und nichts Ungewöhnliches. Viele Kinder mit imaginären Freunden können mit geliebten Verstorbenen kommunizieren.

Als ich älter wurde, erkannte ich dann aber doch, dass es nicht gerade »normal« war, nachts Hilfeschreie zu hören. Die Stimmen kamen mit Botschaften oder einfach nur, um mir ihre Anwesenheit mitzuteilen. Die nächtlichen Besucher waren für mich ein Teil meines Lebens. Ich schloss die Augen und wartete darauf, dass sie sich meldeten, und in den Nächten, in denen sie schwiegen und ich allein einschlief, war ich enttäuscht.

Einige von uns werden mit einer natürlichen medialen Veranlagung geboren, während andere später im Leben dazu berufen werden und ihre Gabe weiterentwickeln. Egal ob du ein geborenes Medium bist oder ob du deine Medialität erst entwickelst: Als Instrument der Seelen musst du deine Gabe kontinuierlich anwenden. Hör nie auf, sie zu üben, und mit der Zeit wirst du die Methode immer besser beherrschen. Manche Medien behaupten, mit Verstorbenen zu sprechen wie bei einem Telefonat. Das halte ich für unseriös.

Erwiesene Medialität

Ich habe miterlebt, wie Medien vor einem großen Publikum auftraten, in dem sich auch Personen über sechzig Jahren befanden. Ein Medium fragte, ob jemand eine Großmutter oder Tante mit dem Namen Rose verloren habe. Nun, das war vor sechs Jahrzehnten ein sehr populärer Name, und es war unvermeidlich, dass sich viele melden würden. Das Medium behauptete, Kontakt zu allen Verstorbenen mit dem Namen Rose nach Belieben aufnehmen zu können, doch so etwas ist äußerst selten. Wenn das Medium dann fragt, ob Rose *plötzlich* verstorben sei, ist es Zeit, besonders misstrauisch zu werden. Readings, in denen derartige Fragen gestellt werden, sollten mit einiger Vorsicht betrachtet werden. Ein echtes Medium konzentriert sich auf die Besonderheiten und nicht auf das Allgemeine.

Ich bevorzuge Medien, die den geliebten Menschen auf der anderen Seite mit Namen und Persönlichkeitsmerkmalen beschreiben und klare Botschaften übermitteln. Ein echtes Medium stellt eine tatsächliche Verbindung her und kann dafür auch Beweise liefern. Als Medium tätig zu sein, ist ein ernsthafter Beruf und bedarf einer Ausbildung in spezifischen Methoden.

Ich kenne ein sehr begabtes Medium, das schon im Alter von zwanzig Jahren Botschaften und Beweise übermittelte. Je mehr sie an ihrer Gabe arbeitete, desto mehr Details erhielt sie bei ihren Jenseitskontakten. Auch in diesem Fall zeigt sich wieder, wie wichtig es ist, seine mediale Begabung erst anzunehmen und dann herauszufinden, welche Methoden man am besten für sich nutzen und weiterentwickeln kann.

Das Trancemedium

Ein Trancemedium empfängt Botschaften einer Seele, während es sich in einem Trancezustand befindet. Manche Teilnehmer von Trancesitzungen berichten davon, dass sich das Gesicht des Trancemediums verändert und dem Gesicht des gechannelten verstorbenen Menschen geähnelt habe.

Die Anwesenden hören den Geist durch das Medium sprechen, während sich das Medium nach dem Aufwachen selbst kaum oder gar nicht an den Inhalt der Mitteilungen erinnert. Die Autorin Jane Roberts hat in den Sechzigerjahren in ihrem Buch »Das Seth-Material« die Botschaften einer Wesenheit namens Seth aufgezeichnet, die sie in Trance übermittelt bekam. Seth bezeichnete sich selbst als »Energiepersönlichkeit« und diktierte Jane Roberts Bücher mit seinen philosophischen Ansichten, die als Grundlagenwerke esoterischen Wissens gelten.

Das Mentalmedium

Ein Mentalmedium führt bei klarem Bewusstsein Jenseitskontakte durch und erhält Botschaften auf telepathischem Weg durch Bilder und Symbole oder durch Stimmen und Körperwahrnehmungen. Für die Kommunikation bedient es sich aller Hellsinne. Um in Kontakt mit verstorbenen Seelen treten zu können, erhöht das Medium seine eigene

Schwingung, während die geistige Welt ihre Frequenz absenkt, damit es zum Informationsaustausch kommen kann.

Ich habe viele Sitzungen durchgeführt, bei denen ich sehen konnte, wie eine Seele den Raum betrat und mir seine Nachricht übermittelte. Es gibt auch Readings, bei denen ich die Seele nur spüre, was aber nicht bedeutet, dass ihre Präsenz weniger stark ist.

Heilende Worte

Eine mediale Sitzung ist eine zutiefst heilende Erfahrung und kann die Trauerarbeit eines Menschen in Gang setzen oder sogar beschleunigen. Durch den Jenseitskontakt wird der Schmerz der Trauer gelindert, und innere Ruhe und Zuversicht können sich wieder einstellen. Ein Reading, das auf der Basis von echten Beweisen durchgeführt wird und eine trauernde Person mit ihrem geliebten Menschen verbindet, kann die dunkle Energie der Trauer sofort in Licht verwandeln. Auch für dich als Lichtarbeitermedium ist das eine tief gehende Erfahrung. Bring also mindestens eine Packung Taschentücher mit, denn ganz bestimmt fließen viele Tränen. Es ist eine Ehre, ein Privileg und eine große Verantwortung, als Kanal für die Seelen auf der anderen Seite zu dienen.

Wie lange müssen wir warten?

Auch wenn wir das starke Bedürfnis verspüren, mit einem kürzlich verstorbenen geliebten Menschen in Kontakt zu treten, wird uns manchmal trotzdem eine Wartezeit abverlangt. Es kann vorkommen, dass eine Seele nach dem Übergang zur Kommunikation noch gar nicht bereit ist. Jemand, der auf traumatische Weise oder mit starken Schmerzen hinübergegangen ist, braucht es eine Zeit der Genesung und Orientierung. Sei versichert, dass Verwandte und andere liebe Menschen an der Seite dieser Person sind, um ihr in der Übergangszeit zu helfen.

Sobald eine Seele ganz auf der anderen Seite angekommen ist, ist sie normalerweise bereit und in der Lage, sich channeln zu lassen, und nimmt die Gelegenheit gern wahr, um ihren trauernden Zurückgebliebenen mitzuteilen, dass es ihr gut geht und dass sie immer noch existiert. Die Trauer von Hinterbliebenen kann eine Seele auf der Erde festhalten, die dann vielleicht versucht, ihre Lieben zu trösten. Viele Seelen wollen ihre Reise nicht fortsetzen, ohne sich zu vergewissern, dass es ihren Lieben gut geht. Ein Medium kann sowohl der Seele als auch den trauernden Hinterbliebenen helfen, indem es Botschaften überbringt zum Beweis dafür, dass der geliebte Mensch den Tod überlebt hat.

Ein partnerschaftliches Verhältnis

Als Medium bist du ein Partner der Seelen im Jenseits. Ich habe viele Male miterlebt, dass Medien eine Botschaft vollkommen falsch übersetzen, und ich konnte dann regelrecht spüren, wie sich die hinübergegangenen Seelen frustriert die Haare raufen. Normalerweise mag ich ein Medium, das gerade eine Nachricht überbringt, nicht gerne unterbrechen, aber manchmal fühle ich mich dazu verpflichtet. Innerlich rufe ich – zusammen mit der Seele – »Nein!«. Stell dir vor, wie frustrierend es für eine Seele sein muss, wenn sie versucht, eine bestimmte Mitteilung zu machen, und der Übersetzer alles falsch versteht! Das kann sogar eine Seele zur Verzweiflung bringen. Nehmen wir an, eine Seele will einem geliebten Menschen eine besondere Nachricht oder sogar eine Warnung übermitteln. Wenn das Medium diese Botschaft nicht richtig versteht, dann muss der Geist noch mehr Energie investieren, um den Mangel des Mediums auszugleichen. Die Botschaft muss sich gegen das Ego des Mediums durchsetzen. Ist der Kanal des Mediums nicht klar, dann verzerrt oder verfälscht es die Botschaft.

Deshalb ist es so wichtig, dass du bei deiner Lichtarbeit demütig bleibst. Ein zu starkes Ego kann deine Lebensaufgabe auf der Erde zunichtemachen. Ruf dir stets in Erinnerung, dass du nur ein bescheidener Überbringer von Nachrichten bist.

Deine individuelle Sprache

Ein gutes Medium zu sein bedeutet, deine ganz eigene Sprache zu finden, in der die Seelen mit dir kommunizieren können. Diese Sprache besteht aus Symbolen, Erinnerungen, Gefühlen oder Bildern, die du wie aus einem inneren Speicher abrufen kannst. Da Seelen nicht mehr unsere Sprache sprechen, sondern energetisch kommunizieren (wenn Worte durchkommen, sind das die des Mediums), müssen sie deine Sprache nutzen, damit du ihre Botschaften verstehst.

Sie wollen mit uns ebenso sehr kommunizieren wie wir mit ihnen, also arbeiten sie mit uns zusammen, so gut, wie sie es eben können. Wenn ich beispielsweise den Kontakt zu einer Seele herstelle, die auf der Erde nur Japanisch sprach und mir japanische Schriftzeichen oder Symbole zeigen möchte, müssten wir uns etwas einfallen lassen, denn leider befindet sich die japanische Sprache nicht in meinem Wissenspool. Deshalb ist es unablässig, dass sich ein Medium ein eigenes System zur Interpretation der durchkommenden Botschaften schafft.

Kommuniziere ich etwa mit einer Großmutter von der mütterlichen Seite der Familie, dann sehe ich das Bild meiner Großmutter mütterlicherseits vor mir. Würde ich nur eine x-beliebige ältere Frau sehen, könnte ich sie zwar vielleicht als Großmutter identifizieren, aber aufgrund des Bildes aus meiner »Datenbank« kann ich ganz sicher auch die Seite der Familie angeben, aus der diese Großmutter stammt.

Als Medium solltest du dich auf ein persönliches Symbolsystem festlegen, damit du Botschaften so spezifisch wie möglich übersetzen kannst. Viele Medien nehmen die linke Körperseite für den Vater und die rechte für die Mutter, aber da ich Legasthenikerin bin, habe ich Schwierigkeiten mit links und rechts! Dann zeigt mir die Seele die passenden Bilder aus meinem Speicher. Es kommt auch vor, dass eine Seele bestimmte Szenen aus meiner Kindheit für mich abspielt. Vielleicht sehe ich ein Familienpicknick, das ich als Zehnjährige mitgemacht habe. Dann sage ich zu den Angehörigen: »Dein Onkel möchte, dass ich ein Familienpicknick erwähne.« Anhand der Details versteht der Angehörige den Inhalt der Nachricht.

Dein »Weichensteller«

Oftmals kommen mehrere Seelen von Verstorbenen zugleich durch. Ich erinnere mich an ein Reading mit einer Mutter, die ihre erwachsenen Zwillingssöhne bei einem Bootsunfall verloren hatte. Sie stand ihrem Sohn Jeremy näher und hatte sich von dem anderen, der Josh hieß, entfremdet. Sie hoffte, dass nur Jeremy kommen würde, und war schockiert, als Josh sich meldete, um ihr zu sagen, dass ihm die früheren sinnlosen Auseinandersetzungen leidtäten. Zum Schluss waren beide Söhne da, und das war für diese Mutter das beste Geschenk.

Wenn ich ein Reading halte, dann wartet oft eine ganze Gruppe von Seelen darauf, um eine Nachricht zu überbringen oder einfach nur Hallo zu sagen. Da ich als Medium die Schleusen nicht einfach öffnen und alle auf einmal sprechen lassen kann, bediene ich mich eines sogenannten »Weichenstellers«, um die Seelen geordnet zu Wort kommen zu lassen. Der Weichensteller ist ein Geistführer, der dir speziell für deine Arbeit als Medium zugewiesen wurde. Stell ihn dir wie einen Platzanweiser im Theater vor, der den Zuschauern den Weg zu ihren Sitzen weißt. Erinnerst du dich an Whoopi Goldberg in dem Film »Ghost«? Offensichtlich hatte sie keinen Weichensteller, denn ihr Zimmer war voller Seelen, die alle gleichzeitig mit ihr sprechen wollten.

Der Weichensteller identifiziert den stärksten Kommunikator unter den Seelen und lässt ihn durchkommen. Einige Seelen können (genauso wie wir) besser »reden« als andere. Oder wir nutzen unsere Zeit klug und sprechen gleich selbst die Seele in der Gruppe an, die ihre Botschaft am klarsten vermittelt. Ohne Weichensteller wird dich die Vielzahl der Botschaften überfordern und verwirren. Betrachte ihn als festen Bestandteil deiner spirituellen Begleitung aus Führern und Lehrern aus der geistigen Welt, die dir bei deiner Arbeit helfen. Wenn du Kontakt zu Verstorbenen aufnimmst, dann ist es wirklich wichtig, die Hilfe eines Weichenstellers in Anspruch zu nehmen und vom Anbeginn deiner medialen Arbeit eine gute Beziehung zu ihm aufzubauen.

Wie man ein Gespräch beginnt

Sobald du dich abgeschirmt und deine Ziele festgelegt hast, kannst du Verbindung mit der geistigen Welt aufnehmen. Ich beginne mein Gespräch mit Seelen gerne mit einer telepathischen Abfolge von Fragen und Antworten, die dem Reading eine Struktur geben und für mich als Medium größere Klarheit schaffen.

Das Medium muss zu jeder Zeit die Kontrolle über die Sitzung behalten. Ohne Kontrolle gleicht das Medium einem Dolmetscher bei der UNO, der gleichzeitig für zehn verschiedene Personen übersetzt, in einer Situation, in der alle ungefragt und willkürlich ihre Botschaften herausschreien, ohne an der Reihe zu sein. Puh! Allein schon bei der Vorstellung tut mir mein Kopf weh.

Wer klopft da an meine Tür?

Vielleicht möchtest du die Seele, die durchkommt, erst einmal identifizieren. Fühlt sich ihre Energie weiblich an? Ist sie mütterlich oder fürsorglich? Dann hast du vielleicht die Mutter oder Großmutter eines Fragestellers »vor dir«.

Ist die Energie männlich, streng oder väterlich? Dann ist möglicherweise eine väterliche Energie zugegen. Normalerweise wird dir ein Symbol übermittelt, das dir bei der Identifizierung der Energie hilft. Vielleicht kommt dir ein Bild vom Gesicht deines Vaters in den Sinn oder du riechst sein Rasierwasser – typische Hinweise dafür, dass ein Vater durchgekommen ist. An diesem Punkt solltest du deinem Klienten mitteilen: »Ich habe hier einen Herrn, der sich sehr väterlich anfühlt, vielleicht eine Vaterfigur.« Es ist wichtig, offen zu formulieren und von einer »Vaterfigur« zu sprechen, denn es könnte sich ja auch um eine Person handeln, die irgendwann einmal die Rolle des Vaters oder Schwiegervaters übernommen hat. Es muss sich nicht um eine biologische Beziehung handeln, und wir sollten nichts Derartiges unterstellen. Der Klient braucht nun weitere Informationen, und die nächste Frage an die Seele könnte lauten: »Was war Ihre Todesursache?« Es gibt fünf verschiedene Kategorien von Todesursachen, und am besten fragst du diese Liste ab, bis du eine positive Antwort spürst:

- Natürliche Ursachen (Alter)
- Unfall
- Krankheit
- Selbstmord
- Mord

Beruhige deinen Geist und warte auf Antwort, denn die kommt immer. Vielleicht erhältst du jetzt auch körperliche Hinweise. Zum Beispiel könnten sich Kopfschmerzen einstellen, wenn jemand an einer schweren Kopfverletzung gestorben ist. Dann kannst du sagen: »Dieser Mann starb bei einem Unfall, und mein Kopf pocht, was darauf hindeutet, dass er vielleicht eine Kopfverletzung erlitten hat.« Derartige Hinweise lösen beim Fragesteller normalerweise ein Wiedererkennen aus: »Oh ja, mein Vater wurde bei einem Autounfall getötet, als ich fünf Jahre alt war.« Nun ist es an der Zeit, tiefer in den Dialog einzusteigen und der Seele spezifische Fragen zu stellen:

- Name
- Alter beim Eintritt des Todes
- besondere Erinnerungen
- besondere Botschaften.

Auf diese Weise identifizieren wir unseren Gesprächspartner und erfahren, welche Botschaft er vermitteln möchte. Wenn du diese Reihenfolge einhältst, kommen die Botschaften sehr klar und strukturiert an, und du hast es leichter, sie entsprechend weiterzugeben.

Ach, er ist es?

Ihre Klienten erfahren möglicherweise nicht immer das, was sie hören wollen. Unsere Lieben stehen vielleicht nicht immer für ein Gespräch zur Verfügung, und weil in der Geisterwelt viele gern plaudern, kann auch eine andere Seele vorbeischauen.

Silvia wollte zum Beispiel mit ihrem geliebten Vater kommunizieren und war begeistert, als ich ihr bei der Eröffnung unserer Sitzung mitteilte, dass eine Vaterenergie anwesend sei. Als ich anfing, Persönlichkeitsmerkmale zu beschreiben und weitere Details zu liefern, veränderte sich ihr Gesichtsausdruck. »Das klingt nicht nach meinem Vater.« Ich ging mit mehr Details in die Tiefe, und dann keuchte sie: »Das ist mein Ex-Schwiegervater! Ich will nicht mit ihm reden!« Tja, er wollte aber an diesem Tag mit ihr sprechen, und deshalb kam er auch durch. Dein Klient wird nicht immer mit demjenigen kommunizieren können, für den er oder sie gekommen ist. Ich sage dann immer: »Du bekommst, was du bekommst. Reg dich nicht auf!«

Es gibt viele Wege, um zu erkennen, wer da gerade durchzukommen versucht. Du kannst auch Persönlichkeitsmerkmale einer Seele benennen, indem du darauf achtest, wie du dich während des Readings fühlst. Bist du aufgewühlt, fröhlich, streng oder traurig? Dein Befinden kann ein gültiger Hinweis auf die Seele sein, mit der du dich gerade verbindest.

Ich kündigte einmal zum Beispiel eine Seele mit den folgenden Worten an: »Hier ist ein Herr, und ich fühle mich sehr ungeduldig, so, als wolle er sofort durchkommen.«

Mein Klient reagierte mit den Worten: »Ja, mein Schwiegervater war ziemlich ungeduldig und wollte nie warten.«

Lass den Schwanz nicht mit dem Hund wedeln!

Ich erinnere mich an eine Klientin, die in den Neunzigern war, und mit einer Gruppe von Damen sprechen wollte, die als junge Mütter und Hausfrauen immer zusammen Karten gespielt hatten. Wir setzten uns hin und sprachen über ein paar Einzelheiten ihrer Kartenspiele, aber es dauerte nicht länger als ein oder zwei Minuten, bis der Raum mit verstorbenen Damen überfüllt war. Sie stürmten herein, um über ihre Familien, ihre gegenseitige Zuneigung und das Turnierspiel von 1962 zu sprechen!

Seelen können manchmal sehr hartnäckig sein, aber das Medium sollte es trotzdem niemals zulassen, dass sie eine Sitzung – oder ihr Leben! – übernehmen. Medien, die von Geistern erzählen, die in Lebensmittelgeschäften und aus Schränken auftauchen, beherrschen ihre medialen Talente nicht richtig. Nur weil sie die Gabe haben, mit Verstorbenen zu kommunizieren, heißt das nicht, dass sie 24/7 dafür zur Verfügung stehen müssen. Ein Medium muss sich schützen und abschirmen, damit es Ruhephasen hat. Du bist ein wertvolles Instrument zur Kommunikation mit Seelen, also behandle dich selbst entsprechend! Nur so hast du Kraft für deine Arbeit. Die auf der anderen Seite warten, wenn es nötig ist, obwohl sie natürlich einen Versuch unternehmen werden, um deine Aufmerksamkeit zu erlangen.

Ich werde nie Fred vergessen, der ein langjähriger Verehrer von Joyce war. Fred wollte mich am Valentinstag nicht verlassen, weil er einfach noch einmal seine Liebe zu Joyce bekennen musste. Bei unserer Sitzung musste Joyce lachen, als ich ihr von Fred erzählte, und sie gab zu, dass auch sie insgeheim immer ein bisschen in ihn verknallt gewesen war. Das war alles, was Fred hören wollte. Nun hatte er seinen Frieden, und Joyce lächelte. Ich holte tief Luft und wusste, dass sich die Situation am nächsten Valentinstag wahrscheinlich wiederholen würde.

Kapitel 15:

Verlorene und ruhelose Seelen

In vielen Jahren als Medium bin ich unzähligen Seelen begegnet. Viele haben sich eingewöhnt und sind glücklich in der geistigen Welt, andere sind nicht ganz so zufrieden. Ist eine Seele unruhig, neigt sie dazu, sich an die Erdenebene zu klammern und zu einer sogenannten »erdgebundenen Seele« zu werden. Oftmals heften sie sich an bestimmte Personen, die meist gar nicht verstehen, was da vor sich geht, und verursachen eine Vielzahl von Problemen.

Die Seele entzieht dieser Person ihre Energie – ähnlich wie ein Hausgast, der nicht abreisen will –, und der oder die Betroffene fühlt sich in der Folge müde und schwach, bekommt Kopfschmerzen und Schlafprobleme. Manche leiden unter Ängsten oder werden depressiv, andere quälen sich mit Wutausbrüchen und anderen emotionalen Problemen.

Erdgebundene Seelen haben sich lediglich verirrt und sind verwirrt. Sie dürfen nicht mit Spukerscheinungen oder der Besessenheit durch Dämonen verwechselt werden. Sie sind weder Geister, die herumspuken, weil sie sich weigern, die Seite zu wechseln und deshalb schadenfroh oder bösartig werden, noch sind sie Dämonen oder Wesen, die das reine Böse verkörpern und niemals menschliche Gestalt annehmen.

Es gibt viele Gründe, warum ein Geist erdgebunden bleibt: der Sog von Süchten, der Wunsch, trauernden Angehörigen zu helfen, eine starke Bindung an ein Zuhause oder einen anderen Ort oder die Weigerung, den Tod zu akzeptieren. Das geschieht oft, wenn jemand plötzlich oder unerwartet gestorben ist und keine Gelegenheit hatte, sich auf den Übergang vorzubereiten. Auch unerledigte Geschäfte mit noch lebenden Menschen oder der fehlende Glaube an ein Leben nach dem Tod können eine Seele an die Erde binden.

Wenn Seelen erdgebunden sind, dann wird ihre persönliche Krise für uns alle zum Problem, weil ihre Negativität auf die Energie des Planeten wirkt. Während unserer Zeit auf der Erde erzeugt jeder Mensch sein eigenes Energiefeld. Leben wir so, dass sich bedingungslose Liebe und Licht vermehren, dann vergrößern wir die Lichtenergie. Wenn wir aber in einem Zustand der Negativität sind, weil unsere Beziehungen und unser Leben gestört sind, dann ist unsere Energie überwiegend dunkel. An welcher Stelle auch immer wir uns im Spektrum zwischen hell und dunkel befinden, diese Energie ist unsere wahre Essenz, unser spirituelles Selbst.

Wenn wir sterben, nehmen wir die Energie, die unsere wahre Essenz ausmacht, mit uns hinüber, und zwar auf die gleiche Weise, wie wir sie zu Lebzeiten im Körper mit uns getragen haben. Die dunkle Energie, die sich vielleicht aufgrund schwerer Probleme im Leben angereichert hat, löst sich nicht automatisch auf, nur weil wir unseren physischen Körper verlassen. Wir erlangen nicht wie von selbst Erleuchtung, nur weil wir auf die andere Seite hinübergehen. Diese Probleme sind spiritueller Natur, und wir nehmen sie mit in die geistige Welt.

Oft lösen sich Probleme von selbst, weil die geistige Welt Hilfe anbietet. Meine Geistführer haben mir mehrfach bestätigt, dass einige Seelen an Readings teilnehmen, weil ihnen diese wie eine Therapie dabei helfen sollen, diejenigen ihrer Probleme zu überwinden, die sie am spirituellen Fortschritt hindern. »Wir arbeiten mit ihr«, erklären mir meine Führer, wenn eine solche Seele bei meinem Reading auftaucht.

Natürlich müssen die Seelen so, wie auch auf der Erde, dazu bereit sein, ihre Probleme zu bearbeiten. Bei denen, die keine Hilfe annehmen wollen, bleiben die Probleme bestehen und lenken ihre Aufmerksamkeit ab, was dazu führt, dass die Seelen sich an die physische Ebene klammern, wo die Probleme ihren Ursprung hatten und mit der Zeit immer größer wurden.

Ungelöste Probleme verstärken die dunkle Energie auf der Erde. Es spielt keine Rolle, ob jemand physisch oder als Seele auf der Erdenebene anwesend ist: So oder so beeinflusst seine Energie das Energiefeld der Erdenebene.

Auch deshalb kommen Lichtarbeiter auf die Erde: Sie befreien erdgebundene Seelen oder erhöhen deren Energie, damit sie mehr Licht aufnehmen können und sich die dunkle Energie der Seele in Lichtenergie umwandelt. Die Erdenebene ist gegenwärtig durch erdgebundene Seelen sehr schwer. Um das energetische Gleichgewicht der Erde wiederherzustellen, ist es enorm wichtig, sie zu befreien und ihnen zu helfen, ins Licht zu gehen. Aus diesem Grund aktivieren Lehrer auf den höheren Ebenen so viele Lichtarbeiter in Form von »Geisterjägern« und »Parapsychologen«.

Süchtige und anderweitig unangepasste Seelen

Die meisten erdgebundenen Seelen stammen von Alkohol- beziehungsweise anderen Drogenabhängigen. Da die Menschheit immer materialistischer geworden ist, gibt es auch immer mehr Seelen, die sich an das Irdische klammern, um ihren noch vorhandenen Hunger nach materiellen Dingen zu stillen. Wie bereits erklärt, bleiben Süchte, Störungen und sogar perverse Verhaltensmuster im Wesen einer Seele erhalten, weil sie nicht nur psychologischer und/oder physischer, sondern auch spiritueller Natur sind.

Diese Muster, gepaart mit der Weigerung, den eigenen Tod zu akzeptieren, treiben eine Seele dazu, ihre Süchte auf der Erde zu befriedigen, weil sie im Geisterreich nicht befriedigt werden können. Die Tabaksucht kann Seelen dazu veranlassen, sich an einen Raucher zu hängen (der davon wahrscheinlich keine Ahnung hat), um ihre Sucht durch einen Stellvertreter zu befriedigen. Aber diese Strategie funktioniert nicht, weil sich diese Seelen nicht mehr in physischen Körpern befinden, die auf physische Substanzen reagieren können. Die Seelen sind frustriert und unglücklich, denn sie hängen in einer Welt fest, in die sie nicht mehr gehören.

Fürsorgliche Seelen

Manche Geister gehen erst dann auf die andere Seite, wenn sie sehen, dass ihre Lieben wieder glücklich sind. Zum Beispiel weinte meine Cousine jede Nacht, als ihre Mutter starb. Die beiden waren unzertrennlich gewesen, und meine Cousine konnte sich nicht vorstellen, wie sie ohne ihre geliebte Mutter weiterleben sollte. Eines Nachts träumte sie von ihrer Mutter, nachdem sie sich in den Schlaf geweint hatte. Im Traum saß ihre Mutter mit strengem Blick vor ihr, hob den Zeigefinger und deutete auf ihrer Tochter. Meine Cousine erwachte und überlegte: »Was habe ich getan? Meine Mutter sieht so wütend auf mich aus!«

In der folgenden Nacht wiederholte sich der Ablauf. Als sie erwachte, verstand meine Cousine die Botschaft ihrer Mutter: keine Tränen mehr! Die Mutter wollte, dass ihre Tochter aufhörte, zu trauern, damit alle heilen und mit ihrem Leben weitermachen konnten, auch sie selbst.

Dies war eine ernste Botschaft. Ich schlug meiner Cousine vor, jeden Abend vor dem Schlafengehen für sich und ihre Mutter zu beten, um sie auf ihrer Seelenreise zu unterstützen. Sie fand heraus, dass Beten nicht nur ihr selbst durch ihre Trauer half, sondern auch meiner Tante auf ihrem Weg. Meine Cousine bemühte sich, ihre Trauer bewusst zu bearbeiten, statt in ihr stecken zu bleiben, und die Besuche der Mutter hörten schließlich auf. Meine Tante war nun zufrieden mit ihrem Seitenwechsel, denn sie wurde nicht länger durch den Schmerz ihrer Tochter zurückgehalten. Sie war frei, sie zu besuchen, wann immer sie wollte, aber sie war nicht länger an die Erde gebunden, um den Schmerz ihrer Tochter zu lindern.

In meiner Arbeit als Medium habe ich festgestellt, dass viele Seelen, genau wie die meiner Tante, erst weitergehen können, wenn ihre Lieben sie freigeben, und das Gebet kann ein besonders wirksames Mittel sein, um diesen Prozess zu unterstützen. Denn es verwandelt dunkle Energie in Licht und erhöht alle Beteiligten spirituell – sowohl die betende Person als auch die Seele, für die gebetet wird.

Andere Seelen wollen sich dringend mit einem Verwandten verbinden, um eine Botschaft zu überbringen oder unbekannte Details über ihren Tod zu enthüllen. Manche sind ziemlich hartnäckig, und oft haben Menschen, die keine Medien sind, Träume von ihren Verstorbenen oder berichten von seltsamen Begebenheiten wie unerklärlichen Geräuschen oder brennenden Glühlampen, die niemand eingeschaltet hat. Alles dies sind Versuche von Seelen, um wahrgenommen zu werden und Kontakt herzustellen. Nicht alle Empfänger verstehen solche Signale, und dann ist es hilfreich, wenn ein Medium oder ein anderer Lichtarbeiter mit der verstorbenen Seele kommuniziert, damit sie ihre Botschaft mitteilen und dann in Frieden gehen kann.

Seelen freigeben

Ich bin schon vielen Seelen begegnet, die nicht verstehen, was mit ihnen geschehen ist. Wenn jemand stirbt, kommt das Licht, um der Seele den Übergang auf die andere Seite zu erleichtern. Verpasst eine Seele aber diese Gelegenheit beim ersten Mal, kann sie verloren gehen und braucht vielleicht eine sanfte Begleitung für den Übergang.

Sophias Geschichte: Abschied nehmen

Eines frühen Samstagmorgens wachte ich auf und hörte ein kleines Mädchen »Mama!« rufen. Seit der Geburt meiner Töchter reißt mich das kleinste Geräusch aus dem Schlaf. Ich höre ein Husten sogar durch zwei geschlossene Schlafzimmertüren. Als ich den Schrei hörte, sprang ich aus dem Bett, um nach Kara zu sehen, die zu diesem Zeitpunkt sechs Jahre alt war. Ich fand sie tief schlafend. Als Nächstes sah ich nach Rachel, die ebenfalls in ihrem Bettchen schlief. Vielleicht hatte ich geträumt, dachte ich.

Am nächsten Morgen träumte ich, dass ein kleines Mädchen neben meinem Bett stand. Als ich aufwachte und die Augen öffnete, war sie da mit ihren langen, lockigen blonden Haaren und den großen blauen Augen, die mir direkt ins Gesicht starrten. »Hilf mir, meine Mami zu finden«, flehte sie mich an. Ich sprang auf und schloss meine Augen noch einmal, weil ich meinte, zu träumen. Und als ich sie wieder öffnete, war das Mädchen fort. Dann erinnerte ich mich an das, was einen Tag vorher geschehen war, und ich wusste sofort, dass die Seele eines kleinen Mädchens hier auf der Erde gefangen war. Ich begann, mit ihr zu sprechen.

»Liebling«, sagte ich laut, »ich kenne deine Mami nicht und weiß nicht, wo sie ist, also such dir bitte jemand anderen, der dir hilft.« Doch sie tauchte weiterhin in meinem Schlafzimmer auf. Ich fühlte ihre Anwesenheit um mich herum und hörte sie mehrmals weinen. Als die Tage vergingen, versuchte ich, meine Geistführer um Hilfe zu bitten, aber sie sagten mir, dass sie sich widersetze und bei mir bleiben wolle. »Aber warum?« Ich war verwirrt. »Ich kenne sie nicht, auch nicht ihre Mutter. Sie kann nicht hier bei mir bleiben, sie muss hinübergehen.« Ich bekam keine Antworten von meinen Führern, und diese großen blauen Augen verfolgten mich weiter.

Dann kam der Mittwoch. An diesem Tag führte ich Readings in einem kleinen Esoterikladen durch. Meist vereinbarte ich Termine, aber ich nahm auch Gäste an. An diesem Mittwoch hatte ich zwei Termine und machte dann eine Kaffeepause. Der Besitzer des Ladens kam ins Hinterzimmer, in dem ich saß, und fragte: »Haben Sie zufällig gerade Zeit?«

»Sicher«, sagte ich. Herein kam eine blonde Frau, die ihre Handtasche umklammerte und sehr nervös wirkte. Mir war klar, dass sie sonst nicht in solche Geschäfte ging. Als sie sich mir gegenüber an den Tisch setzte und anfing, zu erzählen, war ich fassungslos. »Letztes Jahr haben wir unser kleines Mädchen verloren«, sagte sie. »Können Sie sie kontaktieren?« Ich bin fast vom Stuhl gefallen. Sobald das Reading begann ... zoom! In den Raum kam derselbe kleine Engel, der mich an den zurückliegenden Tagen um Hilfe gebeten hatte. Ich erklärte der Frau, dass ihre Tochter gewusst hatte, dass sie mich aufsuchen würde, und dass sie sich seit Samstag bei mir aufhielt. Wir unterhielten uns fast eine Stunde lang. Das kleine Mädchen hieß Sophia und war mit einem Gendefekt geboren worden. Die Ärzte waren der Meinung, sie könne höchstens ein Alter von zwei Jahren erreichen, aber irgendwie hielt sie durch, bis sie acht Jahre alt war. Mutter und Tochter standen sich bis zum Tod des Mädchens vor einem Jahr sehr nahe, und seither trauerte die Mutter so sehr um ihr Kind, dass ihr Leben ihr nicht mehr lebenswert schien. Das Wiedersehen war unglaublich emotional. Die Mutter weinte herzzerreißend, als die Anwesenheit ihrer Tochter im Raum spürbar wurde. Ich weinte mit, aber ich lachte auch mit den beiden, als sie erzählten, wie Sophia es liebte, in die Sachen ihrer Mutter zu schlüpfen und Modeschauen zu veranstalten. »Die Seele Ihrer Tochter ist erdgebunden«, erklärte ich schließlich der Mutter. »Es ist Zeit, sie freizugeben.«

»Ich konnte sie nicht gehen lassen, bis ich wusste, dass es ihr gut geht«, sagte die Mutter unter Tränen. Mir war klar, dass Sophia nicht ohne den Segen ihrer Mutter gehen würde und die Zusicherung brauchte, ihre Mutter wiederzusehen.

Wir riefen Sophias Großvater väterlicherseits, der bereits vor Jahren auf die andere Seite gegangen war und in der Nähe wartete, um zu helfen, und wir übergaben ihm Sophia. Sophias Mutter erklärte ihr unter Tränen, dass es in Ordnung sei, mit ihrem »Opi« mitzugehen, und dass Mama bald zu ihr hinüberkommen würde. So konnte sie Sophia überzeugen. Ich war überwältigt, als ich sah, wie der Großvater seine Enkelin an die Hand nahm und mit ihr in einer strahlenden Landschaft aus weißem Licht verschwand. Hinterher erklärte Sophias Mutter, dass ihr nichts im Leben jemals schwerer gefallen sei, aber dass sie einsehe, ihr Kind freigeben zu müssen.

Dannys Geschichte: verwirrte und orientierungslose Seelen

Auf andere Art hartnäckige Seelen sind jene, die auf traumatische Weise aus ihrem physischen Körper gerissen wurden und die Zusammenhänge nicht verstehen. Die Szene in dem Buch beziehungsweise im Film »In meinem Himmel«, in der Susies Geist vor ihrem Mörder davonläuft, ist ein gutes Beispiel. Genauso wie Sophia im vorhergehenden Beispiel können solche Seelen völlig die Orientierung verlieren. Sie fühlen sich so, als seien sie plötzlich in einem fremden Land aufgewacht, in dem dessen Bewohner sie ignorieren und eine andere Sprache sprechen. Sie wissen nicht, was sie tun oder wohin sie gehen sollen.

Bereits verstorbene Seelen kommen, um ihnen zu helfen, aber die auf der Schwelle verharrenden Seelen weigern sich, mit ihnen zu gehen, weil sie nicht begreifen, dass sie gestorben sind. Stattdessen hängen sie sich an die letzte Person, die sie gesehen haben, das sind oft die Ärzte, Sanitäter, Feuerwehrmänner oder Polizisten, die versucht haben, sie zu retten. Rettungskräfte sprechen nur mit vertrauten Freunden, Familienmitgliedern und Kollegen über dieses Phänomen, dennoch ist es eine Tatsache, dass sich viele von ihnen auf subtile und weniger subtile Weise von den Seelen der Opfer »verfolgt« fühlen. Mein Mann Steve, jetzt Ermittler beim New York City Police Department, hatte dieses Gefühl oft, als er noch auf Streife war. Er bekam bis zu fünfundzwanzig Anrufe pro Schicht, und oft musste er zu Verbrechens- oder Unfallorten eilen, an denen Menschen auf die gewaltsamste und tragischste Weise gestorben waren. Eine besonders schlimme Woche habe ich noch in Erinnerung. Anhand der Bilder, die mir während der Meditation gezeigt wurden, und durch die Befragungen, die mein Mann durchgeführt hatte, erfuhr ich von Dannys Geschichte.

In einer verschneiten Januarnacht, in der die Straßen spiegelglatt waren und in der es zahlreiche Unfälle gab, war der siebzehnjährige Danny, der noch bei seiner Mutter wohnte, besonders unruhig. Er hatte keine Lust mehr, zu lernen oder seinen Zulassungsantrag für das College auszufüllen, und rief deshalb Mikey an, der in seiner Straße wohnte und seit der sechsten Klasse Dannys bester Freund war. »Lass uns eine Runde drehen und irgendwo hinfahren«, bat er seinen Freund. »Ich muss nur hier raus und brauche einen kleinen Tapetenwechsel.«

Mikey schlich sich durch die Hintertür ins Freie, sprang in seinen verrosteten grünen Honda und stand eine Minute später vor Dannys Haus. Danny rutschte die schneebedeckte Treppe hinunter und ignorierte seine Mutter, die hinter ihm herrief: »Wo willst du denn hin? Die Temperatur sinkt, und später soll es noch schneien und stürmen. Fahrt jetzt nicht weg, sonst gibt es bestimmt einen Unfall!«

»Sie macht sich immer Sorgen«, murmelte Danny und verzichtete darauf, den Reißverschluss seiner Jacke zu schließen, als er zu Mikey ins Auto stieg. Der hatte bereits die Heizung und die Musik bis zum Anschlag aufgedreht. »Fahren wir bei Vanessa vorbei«, schlug Danny vor, in der Hoffnung, dass ihm ein Grund einfallen würde, Vanessa zu einem Burger zu überreden. Er arbeitete daran, sie im Frühling zum Abschlussball einzuladen.

Mikey lachte und fuhr mit quietschenden Reifen an, sodass das Auto den Bürgersteig regelrecht hinunterflog. Kurze Zeit später griff er nach hinten, um eine CD zu holen, als ein SUV seinen Weg kreuzte. Mikey wich auf der vereisten Straße aus und schaffte es gerade noch, nicht in den SUV zu rasen. »Das war knapp! Willst du mich umbringen?« Danny scherzte, beeindruckt von der schnellen Reaktion seines Freundes. Sie fuhren, jetzt etwas langsamer, in Richtung Central Park West. Die Straße war leer. Im Autoradio hörten die Jungs Warnungen über den bevorstehenden Sturm.

»Eine Stunde mit Vanessa und dann müssen wir zurück«, sagte Mikey. Er wusste, dass er wahrscheinlich für eine Woche Hausarrest bekommen würde, wenn seine Eltern herausfänden, dass er sich wieder weggeschlichen hatte. Er stellte sich gerade vor, wie er unbemerkt ins Haus zurückkehren würde, als ihn die Lichter eines entgegenkommenden Fahrzeugs blendeten. Er blinzelte heftig und sah den Truck nicht, der in die Straße bog.

»Heilige …«, murmelte er.

»Mikey, pass auf!«, schrie Danny.

Der Lärm von kreischendem Metall und zerberstendem Glas erfüllte die Nacht. Mikey verlor die Kontrolle, das Auto schleuderte und überschlug sich, Rauch drang aus dem Motorraum. »Dan ... Danny!« Mikey schrie eine Ewigkeit lang, weil der Lärm nicht endete. Als das Auto endlich zum Stillstand kam, öffnete Mikey seinen Sicherheitsgurt und sah mühsam durch sein offenes Fenster. Von Danny hörte er keinen Laut. Seine Beine zitterten so stark, dass er auf die andere Seite des Wagens kriechen musste, um nach seinem Freund zu sehen. Was er sah, war entsetzlich: Danny war blutüberströmt, und seine Haut war so weiß wie der Schnee, der nun in gleichmäßigem Tempo fiel. »Hol Hilfe«, flüsterte Danny. »Ich kann nichts spüren ... nichts. Bin ich noch am Leben?« Mikey griff augenblicklich seine Tasche und betete zum Himmel, dass sein Handy noch da und nicht zertrümmert worden war. Mit zitternden Fingern wählte er sofort den Notruf.

»Ich glaube, mein Freund liegt im Sterben! Er stirbt!«, schrie er tränenüberströmt ins Telefon. »Sie müssen schnell kommen. Helfen Sie ihm!« Steve und sein Partner waren die Ersten, die am Unfallort eintrafen. »Ist Danny okay?« Mikey weinte, als Steve sich hinunterbeugte, um nach dem Jungen zu sehen, der immer noch im Auto eingeklemmt war und sich nicht bewegte. »Sagen Sie, dass es Danny gut geht!« Als Steve ins Auto kroch, sah er sofort, dass es keine Rettung gab: Dannys Halsschlagader war durchtrennt.

»Officer«, sagte Danny mit leiser Stimme. »Helfen Sie mir ... bitte. Meine Mutter wird sich große Sorgen machen.«

»Alles ist gut«, sagte Steve und nahm Danny in die Arme, um ihn zu wärmen und so ruhig wie möglich zu halten. »Du kommst wieder in Ordnung, Kumpel«, sagte Steve. »Halte durch.«

»Ich muss heute Abend meinen Collegeantrag ausfüllen, sonst sind alle sauer«, flüsterte Danny.

»Der Krankenwagen ist auf dem Weg«, sagte Steve. »Bleib einfach bei mir! Erzähl mir irgendetwas von dir. Treibst du Sport?«

»Ja, Baseball. Vielleicht bekomme ich ein Collegestipendium«, presste Danny hervor. »Ich glaube, eines Tages werde ich ...« Dannys Stimme verstummte, und dann starb er in Steves Armen.

Bens Geschichte: heute hier, morgen dort

Zwei Nächte später erhielt ich einen Hilferuf von Sally, die in der West End Avenue wohnte. Sally und Benjamin waren gerade erst ein halbes Jahr verheiratet und hatten sich für diesen Abend verabredet, um mit Sallys Eltern essen zu gehen. Ben war wie immer spät nach Hause gekommen, obwohl er Sally versprochen hatte, rechtzeitig da zu sein. Weil er wusste, dass Sally wütend sein würde, hielt Ben am Straßenrand an, um ihr für drei Dollar ein paar Nelken zu kaufen – seine Art ihr zu sagen, dass ihm seine Unpünktlichkeit leidtat.

»Du gehst besser unter die Dusche!«, schimpfte Sally, als er zur Tür hereinkam; die Nelken sah sie kaum an. »Die letzten vier Mal sind wir zum Essen mit Mom und Dad auch schon zu spät gekommen. Du weißt doch, wie Dad darüber denkt!«

Ben umarmte sie rasch und ging dann in ihr enges Badezimmer, das aus nichts weiter als aus einer Dusche, einem kleinen Waschbecken und einer Toilette bestand – alles in Reichweite voneinander. Ben sprang unter die Dusche und schamponierte seine Haare. Er benutzte dieses schreckliche blumige Shampoo, das Sally auf dem Wannenrand stehen hatte, und griff dann nach seinem elektrischen Rasierer, der in der Nähe des Waschbeckens eingesteckt war. Als das Shampoo in seine Augen lief, fluchte Ben und versuchte, es wegzuwischen. Dabei ließ er den Rasierer los, der in das Wasser in der Duschwanne fiel. Er erhielt einen Stromschlag und war sofort tot. Ein paar Minuten später öffnete Sally die Badezimmertür, um ihren Mann zur Eile anzutreiben. Sie fand seinen Körper zusammengesunken auf dem Boden der Dusche. Das Wasser lief noch immer, und sie hörte das Brummen des heiß gelaufenen Rasierers. Hysterisch schluchzend, rief Sally den Notruf an.

Als Steve ankam, konnte er das verschmorte Fleisch vom Flur aus riechen. Er wusste, dass er sich Bens Körper nicht nähern sollte, weil das Wasser noch unter Strom stand. Als er erkannte, dass dieser junge Mann eben noch gelebt hatte und von einer Sekunde zur anderen gestorben war, bat Steve seinen Partner, den Superintendent zu benachrichtigen, damit er den Strom abschaltete.

»Es tut mir so leid«, sagte Steve zu Sally. »Es gab nichts, was einer von uns hätte tun können.«

Nancys Geschichte: noch einen letzten Schuss

Vier Nächte nach Bens Tod war Steve wieder auf Patrouille, als ein Anruf hereinkam, in dem die Rede von Problemen in einer Absteige in einem heruntergekommenen Viertel der Stadt war. Dort wohnten meist Drogenabhängige und andere zwielichtige Gestalten. In dieser Nacht hatte eine vierzigjährige Frau namens Nancy – eine ehemalige Lehrerin, die drogenabhängig geworden war – einen schweren Heroinschock erlitten und die Rezeption um Hilfe gebeten. Steve war vor dem Krankenwagen da und klopfte an ihre Tür. Er fand Nancy krampfend auf dem Boden, auf ihrer dünnen, schmutzigen Matratze. Er wusste, dass sie es nicht schaffen würde. Nancy flüsterte ihm zu: »Ich habe einen Fehler gemacht. Ich will nicht sterben.« Steve hielt ihre Hand, und eine Minute später war sie tot.

Dem Helfer helfen

Ich versuche, unser Haus zu einem Zufluchtsort für meinen Mann zu machen, weil er bei der Arbeit so viel Trauriges sieht. Normalerweise kann er die Ereignisse des Tages abschütteln. Aber nach dieser Serie von Tragödien hatte Steve täglich Kopfschmerzen und wachte erschöpft auf, auch nachdem er acht Stunden lang geschlafen hatte.

»Schatz, hast du dir was eingefangen?«, fragte ich besorgt, aber er schüttelte den Kopf. »Ich glaube nicht, dass ich krank werde«, meinte er, »aber ich habe mich noch nie so ausgelaugt gefühlt.« Das von einem Mann zu hören, der sich noch nie beklagt hatte, beunruhigte mich.

Die Wochen vergingen, und die Kopfschmerzen wollten nicht nachlassen. Steve sah aus, als habe man ihn verprügelt. Dieser athletische Riese, für den eine verschlossene Tür kein Hindernis darstellte, hatte kaum die Energie, um die Treppe hinaufzugehen und sich ins Bett zu legen. Eines Nachts, als ich das Licht ausmachte, drehte er sich um und gestand: »Sahvanna, ich weiß, dass etwas nicht stimmt. Zusätzlich zu allem anderen, was mit mir los ist, habe ich ständig diese seltsamen Träume.«

»Was für Träume?«, wollte ich wissen.

»Es klingt sicher verrückt«, sagte er.

»Versuch's trotzdem«, antwortete ich.

»Okay. Ich bin mit all diesen Leuten in einem Supermarkt. Alle schauen mich an. Sie kommen mir bekannt vor. Ich habe sie schon mal gesehen, aber ich weiß nicht mehr, wer sie sind. Einer von ihnen sagt zu mir: ›Ich weiß nicht, was ich tun soll.‹ Der Nächste sagt: ›Ich weiß nicht, wohin ich gehen soll.‹ Ein Dritter schreit: ›Du musst mir helfen. Ich bin verloren!‹ Steve hielt inne, um tief durchzuatmen. »Dann sehe ich das Gesicht des Jungen«, fuhr er zögernd fort. »Du erinnerst dich doch an den einen, oder? Er starb bei diesem Autounfall. Er spielte Baseball und wollte aufs College gehen. Sein Name war Danny.«

Ich nickte verständnisvoll. »Und dann siehst du das Gesicht von dem Mann in der Dusche?«, fragte ich.

»Ja!«, sagte Steve erstaunt. »Er ist derjenige im Supermarkt, der sagt, dass er zurück will. Er erklärt, dass er mit irgendwem zum Essen verabredet ist. Und dann sehe ich ...«

»Die drogensüchtige Frau, die das schlechte Heroin genommen hat?«

»Ja! Sie sagt: ›Ich brauche einen Schuss, wo kann ich ihn bekommen?‹«, erzählt er. »Ich verlange von allen, dass sie verschwinden und mich in Ruhe lassen. Aber sie klagen nur immer wieder: ›Wir wissen nicht, was wir tun sollen. Sag uns, was wir tun sollen.‹ Und der Junge ... er hört nicht auf, mich anzustarren! Ich bin so müde, Sahvanna.«

Obwohl ich immer noch besorgt war, wusste ich endlich, was mit meinem Mann los war und was ich tun musste, um ihm zu helfen.

Steve war der Letzte gewesen, der mit den meisten dieser armen Seelen in Kontakt gekommen war, bevor sie gewaltsam und unerwartet starben. Als sie starben, war der einzige Trost der Polizist, dessen Gesicht sie als Letztes sahen, der Mann, der versucht hatte, ihnen zu helfen, und der so stark und sicher schien. (Bens verwirrte Seele hatte sich immer noch in der Wohnung befunden, als Steve ankam und zu helfen versuchte.)

Diese Seelen waren erdgebunden, hier gefangen wegen des Traumas ihres abrupten Todes, der sie aus ihren Körpern gerissen hatte. Anstatt ruhig hinüberzugehen und sich ihren bereits verstorbenen Freunden und Verwandten anzuschließen, begriffen sie nicht, was mit ihrem irdischen Leben geschehen war, und wunderten sich, warum niemand sie sah oder hörte. Sie erkannten nicht, dass sie tot waren, und so blieben sie zwischen zwei Welten hängen und klammerten sich an den Menschen, der ihnen zuletzt zu Hilfe gekommen war, in der Hoffnung, dass er die Dinge wieder in Ordnung bringen würde. Sie verfolgten ihn bis in seine Träume, und ihre energetischen Anforderungen forderten ihren Tribut. »Steve, ich glaube, ich kann dir helfen«, sagte ich und bat ihn, aus dem Bett aufzustehen und mit mir in mein Arbeitszimmer zu gehen. Dort zündete ich Kerzen an, nahm seine Hand und bat ihn, die Augen zu schließen, während ich ihm die Situation erklärte.

»Die Seelen all dieser Menschen hängen an dir, weil sie wollen, dass du ihnen hilfst. Deshalb bist du müde. Sie rauben dir deine Energie, plappern in deinem Kopf und verursachen dir diese Kopfschmerzen. Sie lassen dich nachts nicht schlafen. Sie müssen sich von dir lösen und auf die andere Seite gehen.« Ich wusste, dass ich in die Ebene gehen musste, wo ich mich mit ihnen verbinden und versuchen konnte, ihnen zu helfen. Es dauerte nicht lange, und ich spürte, wie gefangen Danny sich fühlte, wie Ben damit kämpfte, die Wahrheit zu akzeptieren, und wie es Nancy durch den Entzug erging.

Ich rief meine Geistführer und bat sie, vertraute Seelen dieser erdgebundenen Seelen zu finden, um ihnen beim Übergang zu helfen. Ich vermutete, Danny, Ben und Nancy würden so traumatisiert sein, dass sie mir nicht genug vertrauen würden, um sich von mir helfen zu lassen, aber ich hoffte, ich könnte sie dazu bringen, mit ihren bereits verstorbenen Lieben ins Licht zu gehen.

Was folgte, waren Tage intensiver Meditation und Gespräche mit meinen Führern, die alles Mögliche taten, um die Situation zu verbessern. Sie fanden Dannys Großvater Louis im Jenseits und baten ihn, Danny sanft auf die andere Seite zu holen. Kurz darauf entdeckte ein anderer meiner Geistführer Bens Freund Alex, der jung an Krebs verstorben war, und bot ihm an, Ben an der Hand zu nehmen und ihn auf seiner Reise zu begleiten. Das ergreifendste Wiedersehen fand statt, als Nancys Mutter nach vorn trat, um ihre Tochter zu umarmen und ihr zu helfen, ihr suchtfreies wahres Selbst zu erkennen. Alle drei Seelen waren endlich bereit für den Übergang.

Danach verschwanden Steves Kopfschmerzen, und seine Energie kehrte zurück. Bald war er wieder ganz der Alte. Sein Supermarkttraum machte Steves gewohntem Traum Platz, in dem er einen Anruf von den New York Giants erhielt, die ihn unverzüglich und sofort brauchten.

Erdgebundene Seelen ins Licht gehen lassen

Wie Notfallhelfer ziehen auch Lichtarbeiter oft erdgebundene Seelen an, denn durch ihre übersinnliche Wahrnehmung erregen sie deren Aufmerksamkeit. Die erdgebundenen Seelen merken, dass Lichtarbeiter sie im Gegensatz zu anderen sehen und/oder hören können. Also klammern sie sich an die Lichtarbeiter, in der Hoffnung, dass sie ihnen so helfen wie dem verlorenen kleinen Mädchen. Glücklicherweise gibt es keinen Grund, sich deshalb Sorgen zu machen. Wie ich bereits erklärte, sind diese Seelen keine Dämonen oder anderen negativen Wesen, und obwohl sie einen mit Kopfschmerzen, Müdigkeit und schlechten Träumen ganz schön plagen können, gefährden sie niemanden ernsthaft.

Wenn du wegen einer anhaftenden Seele ausgelaugt oder verunsichert bist, musst du dich abschirmen. Visualisiere das weiße Schutzlicht um dich herum, das so stark ist, dass nichts es durchdringen kann. Lies im fünften Kapitel nach. Dort findest du eine Methode, mit der du dich erden kannst und die verhindert, dass dein Energiefeld negative Energien aufnimmt. Lichtarbeiter sollten daran denken, sich täglich abzuschirmen, so wie du dich ja auch jedes Mal anschnallst, bevor du mit dem Auto losfährst. Das ist wirklich wichtig!

Nachdem du dich geschützt hast, kannst du die Seele nach ihrer Botschaft fragen oder herausfinden, ob sie überhaupt etwas übermitteln will. Wende dafür den im fünfzehnten Kapitel beschriebenen Dialog an, um mit ihr ins Gespräch zu kommen und um sie wissen zu lassen, dass es für sie an der Zeit ist, den Übergang zu vollziehen. Vielleicht möchtest du auch deine Geistführer oder bereits verstorbene Angehörige bitten, mit der erdgebundenen Seele in Kontakt zu treten, um ihr die Vorfälle gut zu erklären und sie ins Licht zu führen – so wie meine Geistführer Dannys Großvater Louis und Bens Freund Alex gebeten haben, ihnen hinüberzuhelfen.

Trotzdem kann es vorkommen, dass erdgebundene Seelen auch dann den Übergang verweigern, wenn ein Lichtarbeiter sie unterstützt. Dann achte besonders auf deinen energetischen Schutzschild aus weißem Licht, der dich abschirmt, während du dich weiter um die Kommunikation mit einer Seele bemühst, was mehrere Tage oder vielleicht sogar mehrere Wochen dauern kann, bis sie schließlich das Geschehene akzeptiert und weiterzieht.

Den Übergang unterstützen

Wenn du zugegen bist, während eine Seele auf die andere Seite geht, solltest du versuchen, ihr die Vorfälle zu erklären. Bedenke, dass sich jeder, der dem Tod nahe ist, in einem veränderten Bewusstseinszustand befindet. Dazu gehören auch all jene, die im Delirium oder im Koma liegen oder sich in einem fortgeschrittenen Stadium der Demenz befinden. Diese Menschen sind normalerweise nicht mehr dazu in der Lage, mit ihrer äußeren oder mit ihrer inneren Welt zu interagieren. Allerdings solltest du, solange jemand noch atmet, immer davon ausgehen, dass noch ein gewisses Maß an Bewusstsein vorhanden ist und dass der Mensch hören und verstehen kann, was du sagst. Deshalb ist es wichtig, mit der Person, die vor ihrem Übergang steht, zu sprechen, damit du sie auf die bevorstehende Reise vorbereiten kannst. Sag ihr, dass es in Ordnung ist, den Körper nun zu verlassen, und schlag ihr vor, auf das Licht zuzugehen. Dort warten bereits früher verstorbene geliebte Seelen mit offenen Armen auf sie.

Wenn du die Namen der Personen kennst, die bereits im Jenseits sind, dann sprich sie ruhig aus. Hast du den Eindruck, dass der sterbende Mensch sich Sorgen um seine Hinterbliebenen macht, dann versichere ihm, dass sie alle eines Tages wieder vereint sein werden und dass es allen, die er oder sie zurücklässt, gut geht. Teile ihm mit, dass seine Familienmitglieder bereit sind, ihn liebevoll in das weiße Licht gehen zu lassen. Das ist eine äußerst wichtige Information.

Meine Mutter hat viele Jahre lang als Altenpflegerin gearbeitet und oft erlebt, wie sich Sterbende noch tagelang ans Leben klammerten, weil sie auf ihre erwachsenen Kinder warten wollten, die aus anderen Städten oder Staaten anreisen mussten, bevor sie in Frieden gehen konnten. Solche Patienten wollten unbedingt erfahren, dass ihre Angehörigen sie bereitwillig gehen lassen würden, und brauchten eine Gelegenheit, sich von ihnen zu verabschieden, auch dann, wenn sie nicht mehr sprechen konnten oder nicht bei Bewusstsein waren.

Die Kommunikation mit Sterbenden kann laut oder auf telepathischem Weg erfolgen, was mir am geeignetsten erscheint. Weil der physische Körper immer schwächer wird, ist es für sie leichter, auf der spirituellen Ebene zu kommunizieren. Wenn du nicht kurz vor oder genau zum Todeszeitpunkt anwesend bist, kannst du auch später noch mit der Seele Kontakt aufnehmen, wo auch immer du bist. Das Band der Liebe und Unterstützung, das euch verbindet, überwindet jede geografische Entfernung. Nach dem Tod des geliebten Menschen, solltest du weiter für ihn beten und ihm positive, lichtvolle Gedanken senden, um ihn im Übergangsprozess zu unterstützen.

So solltest du auch bei Menschen verfahren, die du nicht persönlich kennst. Das könnte zum Beispiel nach einer Naturkatastrophe wie einem Hurrikan oder einem Erdbeben, die viele Menschenleben fordern, oder nach einer Tragödie wie einem Amoklauf oder dem 11. September notwendig werden. Lichtarbeiter dienen der Gemeinschaft mit ihren Gebeten und ihren für alle Betroffenen Licht erzeugenden Gedanken. Das funktioniert auch, wenn man keine persönliche Beziehung zu den Menschen hat, denen man zu helfen versucht, denn, wie du aus dem ersten Kapitel dieses Buches weißt, wir sind alle durch die Quelle energetisch miteinander verbunden.

Wenn Lichtarbeiter auch nur die kleinsten Schritte unternehmen, um Liebe und Hoffnung auf dem Planeten zu verbreiten, indem sie Dunkelheit in Licht verwandeln, dann nutzen sie eine Energie, die weitaus größer ist, als wir es uns jemals vorstellen könnten. Diene als Lichtarbeiter durch die Gnade der Quelle als Kanal für das Licht. Nutze es für das Gute in einer Welt, die deinen Dienst dringend benötigt. Sanft, aber mit enormer Kraft, nutzt die Armee der Lichtarbeiter die vielen mächtigen Werkzeuge und Fähigkeiten, die in diesem Buch beschrieben werden, um die Waage zu neigen und das Gleichgewicht wiederherzustellen in einem Universum, das sich ständig weiterentwickelt. Die Richtung, in die das Universum sich entwickelt, hängt ganz von der Quantität und der Qualität des Lichts ab, das wir auf die Erde bringen. Wenn alle Lichtarbeiter erwachen, dehnt sich dieses Licht exponentiell aus, und es geschehen Wunder.

Anhang

Nachwort

Die in diesem Buch vermittelten Botschaften werden bei vielen Menschen einen Nerv treffen; es ist nicht einfach, in dieser Zeit als Lichtarbeiter hier auf der Erde zu sein. Die Visionen, die ich in der Meditation empfange, zeigen mir, dass der Schleier, der die physische Ebene von der Astralebene trennt, sehr dünn ist und trotzdem schwer auf unserem Planeten lastet. Das hat viel mit den energetischen Kräften zu tun, die wir geschaffen haben. Denn wir befinden uns mitten in einer Bevölkerungsexplosion.

Mit der immer weiter wachsenden Menschenzahl scheinen wir mehr und mehr in Richtung Hass, Angst und Unzufriedenheit zu driften, und viele Bewohner der Erde haben ein Übermaß an dunkler Energie. Wenn diese dunklen Seelen ihr Leben auf der Erde beenden und schließlich den Übergang vollziehen, verschwinden sie nicht einfach; ihre dunkle Energie bleibt nahe an der Erde, denn sie bewohnen die dunkle Seite der Astralebene. Da diese niederen Energien materialistischer Natur sind und es ihnen an Spiritualität mangelt, werden sich viele Seelen dazu entschließen, bald zu reinkarnieren, um sich an irdischen Vergnügungen zu erfreuen. So wächst die Bevölkerung der Erde noch weiter an, und je mehr dunkle Energie, die irgendwann wieder auf die andere Seite geht, auf diese Weise neu geschaffen wird, desto schwerer lastet das Gewicht auf dem Schleier, der dadurch immer noch dünner wird. Vielleicht werden eines Tages, so wie ich es im Zusammenhang mit der Energiespirale geschildert habe, einige dieser dunklen Energien tatsächlich durchbrechen.

Die dunkle Energie lastet schwer auf der Erdenebene, die wie ein Trampolin schwingt, das zu großes Gewicht tragen muss. Hier liegt die Ursache dafür, dass die Menschen auf der Erdenebene eben nicht mit himmlischen Engeln oder hochrangigen Wesen in Kontakt treten, sondern mit vielen niedrigeren Energieformen, die ihren Geist nicht über die erste oder zweite Ebene hinaus erheben können.

Deshalb wurde es notwendig, vielen hochrangigen Wesen den Abstieg zur Erde zu ermöglichen. Um das höchste Opfer zu bringen, haben sich Lehrer und Lichtwesen der höheren Ebenen bereit erklärt, zur Erde zurückzukehren und dort die Dunkelheit zu neutralisieren.

Licht erzeugende Affirmationen

Sprich jeden Tag eine der folgenden Affirmationen, um dein Licht zu erhöhen. Jede dieser Affirmationen kann zu jeder Zeit und in jeder Situation gesprochen werden.

1. An jedem Tag erhöhe ich mein Licht und das der Erde.
2. Alles dient zum höchsten Wohl aller und meiner selbst.

3. Heute bin ich dankbar für alles Gute.
4. Eine Krankheit bedeutet nicht, dass Gott/die Quelle mich nicht liebt; Genesung bedeutet, dass ich mich selbst liebe.
5. Meine innere Schönheit ist für jeden zu erkennen.
6. Ich bin inspiriert, meine Träume zu leben und zu glauben, dass alles gut ist.
7. Ich kann nicht jeden in Ordnung bringen, aber ich kann dennoch positiven Einfluss nehmen.
8. Meine Gaben als Lichtarbeiter sollen heilen, nicht mein eigenes Leben behindern.
9. Ich kann nur so lange in der Dunkelheit bleiben, bis ich das Licht suche.
10. Ich bin ein perfektes Blütenblatt der Blume, der die Menschheit gleicht.
11. Ich mache mir keine Sorgen, weil ich weiß, dass alles gut ist, wenn Gott/die Quelle bei mir ist.
12. Es ist absolut angemessen, sich glücklich, sicher und geborgen zu fühlen.
13. Alle Dinge in meinem Leben befinden sich in vollkommenem Gleichgewicht, und ich lebe in Harmonie mit der ganzen Menschheit.
14. Ich lasse nicht zu, dass meine Lichtenergie von anderen verbraucht wird.
15. Ich bin aus einem bestimmten Grund hier, und ich werde meinen Zweck voll und ganz erfüllen.
16. Ich akzeptiere mich und meine eigenen Grenzen.
17. Ich kann andere nicht heilen, wenn sie sich selbst nicht heilen wollen.
18. Es ist in Ordnung, in meinem Leben Überfluss zu haben.
19. Ich akzeptiere mich selbst als unvollkommen.

20. Ich gestatte es mir, zu versagen, und lerne aus dem Prozess des Versagens.
21. Ich bin genau dort, wo ich zu diesem Zeitpunkt in meinem Leben sein sollte.
22. Gott/die Quelle erschafft die Karte; ich wähle die Wege, die ich einschlage.
23. Ich habe den freien Willen, den Weg zu gehen, für den ich mich entscheide.
24. Mein Verstand, mein Körper und mein Geist sind in perfekter Übereinstimmung.
25. Ich vertraue voll und ganz auf mein inneres Wissen.
26. Ich finde immer meinen Weg aus der Dunkelheit.
27. Es gibt keine Vergeltung, nur bedingungslose Liebe.
28. Ich habe immer Vertrauen in das Universum und seinen göttlichen Plan.
29. Furcht erzeugt dunkle Energie; ich weigere mich, in der Dunkelheit zu leben.
30. Ich bin frei, meine göttliche Mission zu erfüllen.
31. Nur ich kann die Beziehungen manifestieren, die ich mir wünsche.
32. Ich nehme meine dunklen Tage an, so wie ich meine hellen Tage annehme.
33. Meine Intuition ist ein Geschenk von Gott/der Quelle, und ich folge ihr, ohne zu zweifeln.
34. Es ist gut, gelobt zu werden.
35. Ich bin ein Leuchtfeuer des Lichts für die Welt.
36. Die heilende Energie meiner Hände teile ich mühelos mit der Welt.
37. Im Licht der Liebe Gottes/der Quelle bin ich sicher.
38. Wenn ich meine Wünsche an das Universum sende, kehren sie in die richtige Form gegossen zu mir zurück. Das Universum ist immer korrekt.

39. Heute entscheide ich bewusst, nicht in Angst zu leben.
40. Heute erschaffe ich bewusst mehr Lichtenergie in meinem Leben.
41. Ich lege mein endgültiges Schicksal in die Hände von Gott/der Quelle, und ich weiß, dass alles so ist, wie es sein sollte.
42. Heute lebe ich im Licht erzeugenden Gefühl der Liebe.
43. Ich glaube an die Kraft der Gemeinschaft und beanspruche meinen Anteil daran.
44. Heute wertschätze ich die Hülle, in der ich lebe.
45. Mein physischer Körper und mein spirituelles Selbst arbeiten harmonisch zusammen, um das Leben zu erschaffen, das ich mir wünsche.
46. Ich bin überzeugt davon, dass wir den Weltfrieden erreichen können.
47. Alle Entscheidungen, die ich treffe, sind meine eigenen. Ich ernte, was ich säe.
48. Ich bin mir immer der göttlichen Führung bewusst, die mir zuteilwird.
49. Mein Körper ist das Gefäß meiner Seele, und ich ehre es.
50. Die Menschen um mich herum lieben mich bedingungslos für das, was ich bin.
51. Es ist nie zu spät, etwas wieder in Ordnung zu bringen.
52. Heute nehme ich mein inneres Kind in den Arm.
53. Heute entscheide ich mich bewusst, meine Fehler wertzuschätzen und zu akzeptieren.
54. Heute halte ich inne, schätze die Schönheit der Erde wert und bin dankbar für sie.

55. Ich nehme die dunklen Energien derer, die mich umgeben, nicht in mich auf.
56. Heute treffe ich die bewusste Entscheidung, im Licht erzeugenden Gefühl der Großzügigkeit zu leben.
57. Ich bin immer in die bedingungslose Liebe von Gott/der Quelle eingehüllt.
58. Ich lasse alles los, was nicht meinem höchsten Wohl dient.
59. Ich allein kann die Welt nicht heilen, aber ich beanspruche meinen Teil an der kollektiven Heilenergie des Universums.
60. Ich kann in meinem eigenen Leben und im Leben anderer etwas bewirken.
61. Heute entscheide ich mich bewusst dafür, zu verzeihen und keinen Groll gegen irgendjemanden zu hegen.
62. Meine größten Herausforderungen haben mir spirituelle Erleuchtung eingebracht.
63. Ich liebe mich selbst und alle meine Schwächen bedingungslos.
64. Heute schicke ich Liebe und Licht zu jemandem, der mich verletzt hat.
65. Wenn ich die dunkle Energie in meinem Leben überwinde, verwandle ich sie auch für den ganzen Planeten.
66. Das Gebet ist die höchste Form der Selbstliebe.
67. Wenn es keine dunkle Nacht gäbe, würden wir nie den Sonnenaufgang sehen.
68. Heute entscheide ich bewusst, mir selbst zu vergeben.
69. Wir alle sind Nachbarn in der Gemeinschaft der Menschheit. Liebe deinen Nächsten.
70. Gier ist nur die Tarnung für die Angst vor Mangel. Das Universum ist Überfluss, und ich kann alles haben, was ich jemals brauche.

71. Ich erinnere mich daran, dass die dunkle Energie nur in meinem Leben vorbeizieht.
72. Es ist meine Entscheidung, die Dunkelheit zu verlassen; ich bleibe so lange, wie ich will.
73. Heute bin ich für mich und andere ein Licht in der Dunkelheit.
74. Die Sorge erschöpft meine Lichtenergie; ich verschwende mein Licht nicht an die Angst.
75. Ich bin in allem, was ich tue, geliebt und unterstützt.
76. Keine einzige gute Tat bleibt von Gott/der Quelle unbemerkt.
77. Lass mich ein Führer sein; möge mein Licht diejenigen leiten, die in der Finsternis sind.
78. Ich liebe und schätze mein inneres Kind.
79. Hass ist nur die Angst davor, sich selbst bedingungslos zu lieben.
80. Lass mich die Fackel für die ganze Menschheit halten.
81. Liebe ist alles, was es gibt.
82. Energie verschwindet nie, sie verwandelt sich. Es gelingt mir mühelos, dunkle Energie umzuwandeln.
83. Ich trage alle heilenden Gaben Gottes/der Quelle in mir.
84. Meine intuitive Führung ist ein Geschenk der Quelle, und ich nutze sie voller Dankbarkeit.
85. Es ist vollkommen in Ordnung, dass ich mich um mich selbst kümmere.
86. Es gibt kein Versagen, nur die Chance, neu anzufangen.
87. Ich habe immer den freien Willen, meinen eigenen Weg zu wählen.
88. Heute entscheide ich mich bewusst dafür, jede Schuld, die ich auf meinen Schultern trage, loszulassen.

89. Ich habe jedes Recht auf Glück.
90. Niemand soll mich ohne einen guten Gedanken verlassen.
91. Wenn ich mir selbst schade, schade ich Gott/der Quelle.
92. Mein Licht kann nicht verblassen.
93. Heute spreche ich mit meinem inneren Kind und sage ihm, wie wundervoll es ist.
94. Ich bete jeden Tag für die ganze Menschheit.
95. Das Licht der Quelle ist mein Führer aus der dunklen Nacht der Seele.
96. Mein Körper ist vollkommen, so wie er ist.
97. Heute entscheide ich mich bewusst dafür, für jemanden da zu sein, der mich braucht.
98. Heute treffe ich eine bewusste Entscheidung darüber, mit welcher Art von Energie ich mein Leben gestalten will.
99. Meine Lieben in der geistigen Welt sind nicht weit weg. Sie lieben und unterstützen mich immer.
100. Ich bringe mir dasselbe Mitgefühl entgegen, das ich auch anderen entgegenbringe.
101. Ich teile mein Licht mit allen um mich herum.
102. Ich erlaube mir, aus meinen Fehlern zu lernen.
103. Heute entscheide ich mich bewusst dafür, die Welt zu einem besseren Ort zu machen.
104. Ich kann andere nicht dafür verurteilen, dass ich ihren Weg nicht gegangen bin.
105. Ich habe jederzeit Zugang zur Weisheit der Quelle.
106. Ich bin nie allein.
107. Meine kreativen Fähigkeiten sind erhöht, und ich werde sie jeden Tag auf irgendeine Weise und in irgendeiner Form zum Ausdruck bringen.

108. Heute liebe und schätze ich die Faszination wert, die von einem Kind ausgeht.
109. Alle Ereignisse sind die Folge von Ursache und Wirkung, keine göttliche Vergeltung.
110. Heute treffe ich die bewusste Entscheidung, mich von jeder Verantwortung für jeglichen Missbrauch, den ich in der Vergangenheit erlitten habe, zu befreien.
111. Heute entscheide ich bewusst, tolerant gegenüber den Fehlern anderer zu sein.
112. Es steht mir immer frei, das zurückzuerlangen, was verloren scheint, denn bei Gott/der Quelle ist nie etwas wirklich verloren.
113. Heute suche ich keine Antworten. Ich suche die Fragen, die ich stellen muss.
114. Keine Verbindung mit einem anderen Menschen ist jemals umsonst.
115. Ich freue mich über jede Erfahrung auf meiner Seelenreise.
116. Es gibt kein Gut oder Böse im Licht Gottes/der Quelle, nur Liebe; in dieser Liebe lebe ich jeden Tag.
117. Heute erinnere ich mich daran, wie es war, ein Kind zu sein und die kleinen Wunder des Lebens wertzuschätzen.
118. Die göttliche Fügung ist in meinem Leben zu jeder Zeit präsent.
119. Heute entscheide ich mich bewusst, alle meine Beziehungen fair und harmonisch zu führen.
120. Heute erhöhe ich mein Licht, indem ich eine kleine gute Tat vollbringe.
121. Verbindungen der Liebe bestehen für alle Ewigkeit, und ich bin ein Teil dieses grenzenlosen Segens.

122. Ich habe keine Angst vor Nähe und kann meine Gefühle ohne Furcht vor Ablehnung mitteilen.
123. Ich lebe jeden Tag mit einem tiefen Gefühl des inneren Friedens und der Liebe.
124. Ich erkenne in jeder Traurigkeit eine heilende Erfahrung.
125. Heute entscheide ich bewusst, einem Menschen aus der Ferne Liebe zu schicken.
126. Ich bewirke etwas, indem ich mir meiner Gedanken bewusst bin.
127. Ich sehe dem, was wahr ist, stets ins Auge mit dem Wissen, dass es zum höchsten Wohl aller dient, auch wenn es mich persönlich verletzt.
128. Mein Gebet heilt die Welt; heute bete ich für universellen Frieden und Liebe.
129. Mein Geist ist ein Spiegelbild Gottes/der Quelle; ich lebe jeden Tag im Licht dieser Reflexion.
130. Heute inspiriere ich andere dazu, nicht in Angst zu leben.
131. Heute bekräftige ich, dass Frieden und Harmonie auf der Erde möglich sind.
132. Jedes Mal, wenn ich gute Wünsche sende, verstärke ich die Lichtenergie des Planeten. Heute sende ich der ganzen Menschheit gute Wünsche.
133. Gott/die Quelle liebt mich bedingungslos. Ich liebe mich selbst ohne Bedingungen.
134. Ich umarme meine dunklen Tage und gestatte es mir, jeden Augenblick zu spüren und mich mit jedem Augenblick zu heilen und zu erneuern.
135. Ich erkenne das Licht Gottes/der Quelle in jedem Kind.

136. Gott/die Quelle ist der Hüter aller meiner Geheimnisse; meinen Schmerz gebe ich dem heilenden Licht Gottes/der Quelle anheim.
137. Heute entscheide ich mich bewusst dafür, mich in Selbstliebe und Selbstannahme zu üben.
138. Mäßigung ist der Schlüssel zum Glück. Jeden Tag lebe ich in vollkommener Harmonie mit dem Universum.
139. Ich heile die inneren Wunden, die durch meine Süchte zum Ausdruck kommen.
140. In meinem inneren Dialog geht es nur um Liebe und Unterstützung für alles, was ich tue.
141. Die Heilkraft Gottes/der Quelle wohnt in mir; ich heile mein eigenes Leben.
142. Heute entscheide ich mich bewusst dafür, mein Herz für alle Möglichkeiten zu öffnen.
143. Heute entscheide ich mich bewusst dafür, mich meinen Herausforderungen mit Mut zu stellen.
144. Die Quellenintelligenz ist ein Teil von mir. Ich greife auf sie zu, wann immer ich will.
145. Ich bin alles, was ich je war, bin und sein werde. Ich bin ewig.
146. Ich bin vor aller Negativität geschützt.
147. Es gibt kein Ende, nur Neuanfänge.
148. Mit jedem Stolperstein, den ich überwinde, werde ich nur noch stärker.
149. Ich war schon einmal hier und werde zurückkehren. Ich werde entsprechend planen.
150. Ich bin das Licht in der Finsternis. Es gibt keinen Grund, zu suchen.
151. Ich erfülle zuerst meine eigenen Bedürfnisse und helfe dann anderen. Im verwundeten Zustand bin ich anderen keine Hilfe.

152. Heute entscheide ich mich bewusst dafür, meinen inneren Dialog positiv, liebevoll und unterstützend auf alles auszurichten, was ich tue.
153. Ich bin im Frieden mit dem Universum und mit mir selbst.
154. Ich akzeptiere und vertraue dem Willen von Gott/der Quelle.
155. Ich habe im Überfluss Energie und Lebenskraft.
156. Heute entscheide ich bewusst, jemanden zum Lächeln zu bringen.
157. Es ist gut, jeden Tag mit dem Gefühl von Sicherheit und Geborgenheit zu leben.
158. Meine Reise dauert ewig, und ich habe noch einen langen Weg vor mir.
159. Ich gestatte es mir, unvollkommen zu sein.
160. Jeder gute Gedanke dehnt sich für alle Ewigkeit ins Universum hinein aus.
161. Meine Einzigartigkeit ist das, was mich besonders macht.
162. Ich erkenne die helle Seite der Schwierigkeiten, die das Leben mit sich bringt.
163. Heute lebe ich im Licht erzeugenden Gefühl der Dankbarkeit.
164. Ich bin ein Teil der kollektiven Lichtenergie des Universums.
165. Ich darf ich selbst sein, wo auch immer ich hingehe.
166. Bedingungslose Liebe kennt keine Grenzen, wie also könnte mich irgendetwas einschränken?
167. Eine hohe Sensibilität ist besser, als keine Emotionen zu haben.
168. Heute entscheide ich bewusst, nicht alle Ängste der Menschheit auf mich zu nehmen.

169. Heute befreie ich mich von jeglichen Schuldgefühlen, gleichgültig für welche Situation.
170. Die Wunden meiner Vergangenheit sind bereits geheilt.
171. Heute lebe ich im Licht erzeugenden Gefühl der Vergebung.
172. All meine Schwächen sind die Stärken Gottes/der Quelle, also brauche ich mir keine Sorgen darüber zu machen.
173. Ich bin eine vollkommene Manifestation der Liebe Gottes/der Quelle.
174. Heute bin ich eine Stimme für jemanden, der selbst keine hat.
175. Ich verwehre mich gegen angstbasierte Medien.
176. Heute ermutige ich jemanden dazu, seinen Träumen zu folgen.
177. Ich bin bereit, meinem Seelenverwandten Zugang zu meinem Leben zu gewähren.
178. Meine Empathie ist kein Türöffner für grundlose Traurigkeit.
179. Ich verändere mein Leben.
180. Heute lebe ich in dem Licht, welches das Gefühl von Großzügigkeit hervorruft.
181. Die ganze Schönheit von Gott/der Quelle ist in meiner Seele gespeichert.
182. Heute entscheide ich mich bewusst, mich von allen überholten Vorstellungen oder Verhaltensweisen zu befreien, die nicht meinem höchsten Wohl dienen.
183. Ich genieße mein Leben, ohne mich schuldig zu fühlen.
184. Ein beschädigtes Blütenblatt zieht die gesamte Blume in Mitleidenschaft.
185. Akzeptanz ist der Schlüssel zur Zufriedenheit.

186. Das Heute hat die ganze Macht über das Morgen.
187. Ich fixiere mich nicht auf Ergebnisse, nur auf Fortschritte.
188. Heute entscheide ich mich bewusst, meinen Träumen zu folgen.
189. Ich bin ein Tropfen im Ozean, und ich vertraue den Gezeiten.
190. Ich habe keine Angst, denn das Universum gibt mir alles, was ich brauche.
191. Ich bin immer göttlich geführt, ich muss die Führung nur erkennen.
192. Meine Beziehungen bereichern mein Leben und verbrauchen nicht mein Licht.
193. Heute stärke ich meinen Glauben und vertraue darauf, dass das Universum mich immer unterstützt.
194. Ich glaube an die Kraft meines Lichts, und andere werden meinen Glauben teilen.
195. Egal, wohin mich diese Reise führt: Ich bin dankbar.
196. Ich pflege meine Träume und gebe ihnen alles, was sie brauchen, um zu wachsen und zu gedeihen.
197. Ich bin ein Heiler und stelle meine Fähigkeiten bereitwillig zur Verfügung.
198. Lass mich die Stimme der Hoffnung sein und sie anderen leihen, die keine haben.

Danksagung

Die Informationen in diesem Buch werden sehr vielen Menschen helfen, die sich von Gott verlassen fühlen und bisher dachten, dass ein Lichtarbeiter für ein Elektrounternehmen arbeitet! Für mich war das Schreiben des Buches eine große Herausforderung. Glücklicherweise führte das Universum Katy Koontz zu mir. Sie ist die brillanteste Redakteurin überhaupt, und sie gab dem Buch die Struktur, die es brauchte. Katy hat das einzigartige Talent, meine Botschaft zu erhalten, während sie meine Gedanken organisierte, die Grammatik korrigierte und die Fragen stellte, die beantwortet werden mussten. Außerdem versteht sie, was ich zu sagen habe, und es ist ein großer Segen, eine so wunderbare Redakteurin zu haben. Vielen Dank, Katy.

Ich möchte auch meiner »Soul's-Journey«-Familie danken. Eure Arbeit und Hingabe für die Lichtenergie unseres Planeten ist großartig. Ich bin erstaunt, wie unermüdlich, manchmal sogar ganze Nächte lang, ihr für all die Menschen arbeitet, die eure Hilfe oder Führung brauchen. Ihr begegnet ihnen mit Wertschätzung, Respekt und Liebe und seid demütige Boten der Liebe und des Lichts, und das ist selten. Die Welt braucht euch und ist durch euch ein besserer Ort. Ich danke euch allen, dass ihr mir erlaubt habt, meinen Traum zu leben. Ich bin so dankbar für jeden Einzelnen von euch.

Es ist mein Wunsch, dass dieses Buch einige der Ängste verringert, die uns hier auf der Erde belasten, dass es einer manchmal hoffnungslosen Welt etwas Zuversicht schenkt und allen, die sich isoliert oder ausgegrenzt fühlen, zeigt, dass sie dazugehören und in höchstem Maße gebraucht werden.